AF318101

CODE DES CONTRAVENTIONS

A LA

POLICE DE LA NAVIGATION

ET DES

PÊCHES MARITIMES

PAR

Paul VINSON

Sous-commissaire de la Marine

Ouvrage augmenté et mis à jour à l'usage de MM. les Commandants des bâtiments de l'État, Consuls et Vice-Consuls de France, Commissaires de l'inscription maritime, Inspecteurs des pêches maritimes, Syndics des gens de mer, Gardes-maritimes, Gendarmes de la Marine, Prud'hommes, Pêcheurs, Gardes-jurés de la Marine, etc.

PRIX : 2 FRANCS

ROCHEFORT-SUR-MER

SOCIÉTÉ ANONYME DE L'IMPRIMERIE CH. THÈZE, RUE CHANZY, 123

1888

Extraits de la Revue maritime et coloniale (livraisons d'août 1887 et juillet 1888).

CODE DES CONTRAVENTIONS

A LA

POLICE DE LA NAVIGATION

ET DES

PÊCHES MARITIMES

PAR

Paul VINSON

Sous-commissaire de la Marine

Ouvrage augmenté et mis à jour à l'usage de MM. les Commandants des bâtiments de l'État, Consuls et Vice-Consuls de France, Commissaires de l'inscription maritime, Inspecteurs des pêches maritimes, Syndics des gens de mer, Gardes-maritimes, Gendarmes de la Marine, Prud'hommes, Pêcheurs, Gardes-jurés de la Marine, etc.

PRIX : 2 FRANCS

ROCHEFORT-SUR-MER
SOCIÉTÉ ANONYME DE L'IMPRIMERIE CH. THÈZE, RUE CHANZY, 123

1888

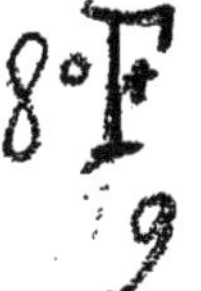

CODE DES CONTRAVENTIONS

A LA

POLICE DE LA NAVIGATION

ET DES

PÊCHES MARITIMES

AVERTISSEMENT

Parmi les attributions, aussi nombreuses que variées, des commissaires de l'inscription maritime (1), il en est qui ont plus particulièrement attiré notre attention.

Nous voulons parler de celles qui consistent à rechercher et constater, ou faire rechercher et constater, et, spécialement, poursuivre devant les tribunaux correctionnels, les infractions ou contraventions à la police de la navigation et des pêches maritimes.

(1) Voir, sur l'étendue des attributions et sur la responsabilité des commissaires de l'inscription maritime, la circulaire du 21 février 1854, *B. O.*, p. 228.

Nous avons pensé qu'il n'était pas sans intérêt de traiter cette question délicate, d'exposer sa réglementation, de réunir, en un mot, les éléments d'une sorte de Code de la matière.

Cette étude est divisée en deux parties, dont l'une est spéciale à la police de la navigation et l'autre à la police des pêches. Chaque partie est subdivisée, à son tour, en trois chapitres. Dans le premier, nous avons classé les contraventions en mettant en regard de chacune d'elles les pénalités auxquelles elles sont soumises. Dans le second, nous avons expliqué la police judiciaire à laquelle les contraventions donnent lieu. Le dernier est consacré à la juridiction compétente.

PREMIÈRE PARTIE

Police de la Navigation.

La police de la navigation, telle que nous l'entendons ici, se rapporte uniquement au rôle d'équipage, au bornage et à la navigation de plaisance.

I

CONTRAVENTIONS ET PÉNALITÉS

Les contraventions à la police de la navigation sont énumérées dans le décret ayant force de loi du 19 mars 1852 (*B. O.*, p. 312). Cet acte, appuyé et interprété par de nombreuses circulaires ministérielles et par des arrêts de la Cour de cassation et de diverses Cours d'appel, indique également la sanction de ces contraventions.

Nous allons les passer en revue, en les numérotant suivant la peine.

Nº 1

La première contravention est signalée et punie par l'article 3 de la loi, ainsi conçu :

Tout capitaine, maître ou patron, ou tout individu qui en fait fonctions, est tenu, sur la réquisition de qui de droit, d'exhiber son rôle d'équipage, sous peine d'une amende de 500 francs, si le bâtiment est armé au long cours ; de 200 francs, si le bâtiment ou embarcation est armé au cabotage ; de 100 francs, s'il est armé à la petite pêche.

Pour comprendre cette infraction, il faut savoir que le rôle d'équipage est obligatoire pour les bâtiments ou embarcations exerçant une navigation maritime, et, que la navigation est dite *maritime* sur la mer, dans les ports, sur les étangs et canaux où les eaux sont salées, et, jusqu'aux limites de l'inscription maritime, sur les fleuves et rivières affluant directement ou indirectement à la mer (article 1er de la loi et arrêt de la Cour d'appel de Rouen du 2 juillet 1886, *B. O.*, p. 215).

La loi n'ayant fait aucune mention de la navigation au bornage, il a été pourvu à cette lacune par le décret-loi du 20 mars 1852 (*B. O.*, p. 328), lequel énonce, dans son article 4, que les bâtiments et embarcations armés au bornage sont assimilés à ceux du cabo--tage, relativement aux infractions en matière de rôle.

La loi ne parle pas, non plus, de la navigation de plaisance, laquelle est dispensée du rôle et reçoit, en son lieu et place, un permis de circulation (les bateaux et chalands uniquement employés à l'exploitation de propriétés rurales, fabriques, usines et biens de toute nature situés dans les îles ou sur les bords des fleuves ou des rivières dans leur partie maritime), ou de navigation (les yachts et bateaux uniquement affectés à une navigation de plaisance). Aux termes de l'article 5 du décret du 9 décembre 1873 (*B. O.*, p. 668), spécial à ce genre de navigation, les propriétaires desdits chalands, bateaux et yachts, qui ne présentent pas leur permis à première réquisition des autorités maritimes, sont considérés comme naviguant sans rôle et encourent, à ce titre, la pénalité prévue par la loi pour la navigation au cabotage (circ., 23 avril 1852, *B. O.*, p. 532) (1).

---

(1) Par exception, les yachts et bateaux de plaisance, qui ont un équipage inscrit et soldé, peuvent obtenir un rôle d'équipage, lequel n'est délivré qu'après autorisation du ministre. (C. 9 février 1883, *B. O.*, p. 309).

La loi n'a pas prévu et ne pouvait prévoir le fait de naviguer avec un rôle ou permis *périmé* (c'est-à-dire utilisé *sciemment* au-delà du terme annuel pour lequel il a été délivré) ou laissé momentanément à terre. Ces cas ont été résolus ; le premier, par un jugement du tribunal correctionnel de Châteaulin, en date du 28 juillet 1853 (*B. O.*, p. 512) ; l'autre, par des arrêts de la Cour de cassation, notamment ceux des 4 décembre 1852 (*B. O.*, p. 966) ; 7 janvier 1853 (*B. O.*, p. 199) et 5 mars 1886 (*B. O.*, p. 860), qui ont assimilé cette contravention à l'absence de rôle.

Il est bon de faire observer, en ce qui concerne le rôle périmé, que l'administration a toujours les moyens de le retirer et de prévenir, de cette manière, la contravention (circ., 3 mars 1857, *B. O.*, p. 165). Pour ce qui est du permis, il y a aussi lieu de remarquer que ce titre est personnel et qu'il ne peut être délivré qu'au propriétaire du bateau auquel il se rapporte.

Les embarcations attachées comme annexes à un autre bâtiment sont dispensées de tout rôle ou permis. Le navire et son annexe sont considérés, dans ce cas, comme formant un tout-unique, de telle sorte que la contravention commise à bord de l'un se punit comme si elle avait été commise à bord de l'autre (circ. du 28 mars 1856, *B. O.*, p. 305, et arrêt de la Cour d'appel de Rennes, du 5 novembre 1856, *B. O.*, p. 1176).

Les bateaux des douanes ne sont pas soumis à la réglementation du rôle d'équipage (décret du 2 messidor an XII, circ. du 20 mars 1852, *B. O.*, p. 306 ; décret-loi du 24 mars 1852, article 3, *B. O.*, p. 403). Ceux de l'administration des ponts et chaussées sont affranchis de la plupart des obligations communes, lorsqu'ils sont uniquement affectés au service des ports et de leurs abords immédiats. Quand ils doivent opérer dans les rades ou au large des côtes, l'un d'eux seulement est régulièrement armé, soit au cabotage, soit au bornage, suivant son genre de navigation, et tous les autres sont considérés comme ses annexes (circ., 26 septembre 1879, *B. O.*, p. 597). Il en est de même pour les bateaux du service des télégraphes (cir., 13 juillet 1886, *B. O.*, p. 39).

En cas de contravention, les commissaires de l'inscription maritime ne doivent pas user, à l'égard de tous ces navires, des moyens de coërcition dont ils disposent. Ils se bornent à en référer aux préfets maritimes ou chefs du service de la marine dont ils relèvent, lesquels traitent les questions avec les ingénieurs et chefs des services intéressés (*idem*).

N° 2

La deuxième contravention consiste, d'après les articles 4 et 5 des décrets-lois des 19 et 20 mars, dans :

L'embarquement de tout individu qui ne figure pas sur le rôle d'équipage ;

Ou dans :

Le débarquement, sans l'intervention de l'autorité maritime ou consulaire, de tout individu porté à un titre quelconque sur le rôle.

Cette infraction est punissable, *pour chaque individu embarqué ou débarqué, d'une amende de 300 francs, si le bateau est armé au long cours ; de 50 à 100 francs, si le bâtiment ou embarcation est armé au cabotage ou au bornage ; de 25 à 50 francs, s'il est armé à la petite pêche.*

Le décret du 9 décembre 1873 applique aux bateaux de plaisance la même pénalité. Pourtant, ces derniers n'ayant qu'un permis individuel et pouvant embarquer autant de personnes qu'ils sont susceptibles d'en contenir sans danger (circ. des 26 juillet 1850, B. O., p. 39, et 6 septembre 1853, B. O., p. 589), on est en droit de se demander dans quel cas cette pénalité peut leur être infligée. Cette disposition du décret n'est évidemment applicable que dans le cas exceptionnel où le bateau de plaisance a reçu un rôle d'équipage.

La contravention qui nous occupe est très délicate à constater. Les articles 4 et 5 de la loi ayant eu principalement pour but d'assurer l'inscription de tous ceux qui exercent la navigation ou la pêche maritime, il n'y a, en réalité, de poursuites à provoquer que contre les patrons de bateaux qui embarquent des individus non inscrits à la place des marins portés sur leur rôle. Mais le fait d'avoir pris la mer avec un des matelots absents lors du départ, ou de l'avoir remplacé dans un moment d'urgence par un autre inscrit, sans faire régulariser cette mutation par l'autorité maritime, constitue une faute assez légère pour ne devoir pas être dénoncée. L'*habitude* d'infractions de ce genre serait seule de nature à justifier des poursuites (circ., 15 mai 1863, *B. O.*, p. 240) (1).

Les passagers doivent, en principe, être inscrits sur le rôle d'équipage (arrêt de la Cour de cassation du 25 mars 1854, *B. O.*, p. 535). Toutefois, sur les paquebots à service régulier, et même sur tous les navires à voiles et à vapeur affectés au transport des passagers, il suffit qu'ils soient portés sur des listes dressées par les bords et remises à l'autorité maritime immédiatement après le départ du bâtiment (circ., 20 décembre 1865, *B. O.*, p. 418, et 26 janvier 1886, *B. O.*, p. 135).

Les individus qui montent les bateaux de l'administration des ponts et chaussées et du service des télégraphes ont le droit d'embarquer et de débarquer sans contrôle et sans l'intervention de l'autorité maritime (circulaires déjà citées des 26 septembre 1879 et 13 juillet 1886).

N° 3

La troisième contravention résulte, d'après les articles 6 et 4 des actes précités :

Du défaut de marque, à la poupe de tout bâtiment ou embarcation exerçant une navigation maritime, de son nom et de son port d'attache (d'immatriculation, circ., 7 mai 1852, *B. O.*, p. 541), *en lettres blanches de 8 centimètres au moins de hauteur, sur fond noir ;*
Ou :
Du fait d'effacer, altérer, couvrir ou masquer les dites marques.
La pénalité est *une amende de 100 à 300 francs, si le bâtiment ou*

---

(1) Voir, à la fin de l'ouvrage, l'article sur la *Navigation fictive*.

embarcation est armé au long cours ; 50 à 100 francs, s'il est armé au cabotage ou au bornage ; 10 à 50 francs, s'il est armé à la petite pêche.

Le décret du 9 décembre 1873 soumet encore les bateaux de plaisance à la même pénalité, laquelle doit s'entendre, dans l'espèce, de celle qui s'applique à la navigation au cabotage, ainsi que nous l'avons dit plus haut.

Les bateaux annexes, bien entendu, encourent la même peine (circ. déjà citée des 28 mars 1856 et arrêt de la Cour d'appel de Rennes, du 5 novembre 1856).

Indépendamment de leur nom et de l'indication de leur port d'attache, les bateaux de pêche doivent porter, à la poupe et sur leur grand voile, les initiales et le numéro matricule de leur quartier respectif. (Décrets des 4 juillet 1853 et 19 novembre 1859. Arrêté du 17 mai 1882. Règlement général du 23 juin 1846 sur la pêche entre l'Angleterre et la France. Convention internationale du 6 mai 1882 sur la pêche dans la mer du Nord. Convention du 18 février 1886 avec l'Espagne pour la pêche dans la Bidassoa. Décret du 5 mai 1888 sur la police de la pêche côtière en Algérie, et Arrêté de même date, *B. O.*, p. 754.) Toutefois, le fait d'enfreindre ces prescriptions ne constitue pas une contravention à la police de la navigation, mais une infraction à la police des pêches. (Voir la IIe partie, chapitre Ier) (1).

N° 4

La quatrième et dernière contravention est spécifiée dans les articles 5 et 6 du décret-loi du 20 mars 1852. Elle consiste dans le fait :

De la part de tout individu non autorisé, d'avoir exercé le commandement d'une embarcation armée au bornage ;

Ou :

De la part d'un patron au bornage, d'avoir exercé le commandement

____

(1) Voir le décret relatif à la police de la navigation des bateaux de pêche étrangers, naviguant dans nos eaux territoriales, du 19 août 1888, *B. O.*, p. 173.

d'une embarcation de plus de 25 tonneaux, ou d'avoir franchi la limite de parcours indiquée sur le rôle d'équipage;

Ou encore :

De la part d'un patron pêcheur, d'avoir effectué un transport de marchandises ou de passagers.

La peine est de *cent francs pour chacun des cas indiqués ci-dessus.*

On entend par bornage, la navigation faite par une embarcation jaugeant 25 tonneaux au plus, avec faculté d'escales intermédiaires entre son point d'attache et un autre point déterminé, mais qui n'en doit pas être distant de plus de 15 lieues marines (article 2 de la loi). Ces termes du texte de la loi indiquent suffisamment qu'il ne saurait être question, dans l'espèce, d'une navigation ayant 15 lieues de rayon et dont le port d'attache serait le centre. En d'autres termes, un bateau borneur ne peut pas se mouvoir librement dans un rayon de 15 lieues autour de son port d'attache, ni, par suite, accomplir sans interruption des trajets dont la longueur maxima atteindraient 30 lieues. Mais, il a le droit de suivre successivement plusieurs parcours différents de 15 lieues, à la condition de revenir chaque fois au port d'attache, conformément à la circulaire du 3 juin 1856 (*B. O.*, p. 503), qui prescrit de déterminer par une inscription au rôle le point du littoral où le borneur est autorisé à se rendre (circ., 21 février 1878, *B. O.*, p. 268).

Les chiffres de tonnage et de limite de parcours peuvent être élevés pour les chalands, allèges, penelles et autres bâtiments naviguant sur les fleuves et rivières au moyen du remorquage ou du halage (art. 2 de la loi).

Pour pouvoir commander au bornage, il faut être inscrit, âgé de 24 ans au moins, et réunir 60 mois de navigation (art. 1er et décret du 22 octobre 1863, *B. O.*, p. 542).

L'interdiction faite aux patrons pêcheurs de transporter des marchandises ou des passagers, doit s'entendre dans ce sens qu'ils ne peuvent faire de transports à fret (cir., 9 février 1883, *B. O.*, p. 311). Mais il ne leur est pas défendu de transporter les produits de leur industrie, des denrées et ustensiles à leur usage, et, même accidentellement, des passagers (rapport précédant la loi).

Une circulaire du 19 décembre 1866 (*in fine* du Compendium) a autorisé les pêcheurs de la Manche à réexporter leur poisson en Angleterre. Une interprétation trop rigoureuse du règlement aurait, autrement, nui à ces derniers, sans servir les intérêts du cabotage, puisqu'il serait le plus souvent impossible de trouver dans nos ports, au moment voulu, des navires caboteurs prêts à transporter immédiatement en Angleterre les produits de la pêche.

N° 5

Toutes les amendes prononcées en matière de police de la navigation, le sont solidairement, tant contre les capitaines, maîtres ou patrons, que contre les armateurs des bâtiments ou embarcations. Le montant de ces amendes est attribué à la Caisse des invalides de la marine, sous la déduction du cinquième, qui revient à l'agent verbalisateur (syndic des gens de mer, garde maritime ou gendarme de la marine), dans la limite de 25 francs pour chaque infraction. (Décret-loi du 19 mars 1852, article 11).

Cette dernière disposition de la loi doit être entendue en ce sens que l'agent verbalisateur n'a jamais droit qu'au cinquième des amendes prononcées par un même jugement contre le délinquant, ou à 25 francs, si le cinquième de l'amende *totale* excède cette somme. (Circ., 24 octobre 1864, *B. O.*, p. 253).

Les percepteurs des contributions indirectes sont chargés d'opérer le recouvrement des amendes ; ils versent les fonds en provenant dans les mains des trésoriers des Invalides, qui effectuent le payement de la part revenant aux agents. (Instruction du 20 septembre 1875, *B. O.*, de 1876, p. 407 ; circ. du 11 mars 1880, *B. O.*, p. 580).

II

POLICE JUDICIAIRE

Les contraventions à la police de la navigation sont recherchées et constatées *exclusivement*. (Circ., 22 juillet 1864, *B. O.*, p. 37), par les commissaires de l'inscription maritime, consuls et vice-consuls de France. (Décret du 22 février 1881, *B. O.*, p. 368), officiers et officiers-mariniers *commandant*. (Circ., 20 mars 1852, *B. O.*, p. 307), les bâtiments ou embarcations de l'État, syndics des gens de mer, gardes maritimes et gendarmes de la marine. (Décrets des 19 et 20 mars 1852, articles 7 et 8).

Les syndics, les gardes et les gendarmes sont assermentés. Le serment se prête devant le tribunal de première instance du lieu où réside l'agent. (Circ., 14 mai 1852, *B. O.*, p. 552) ; en cas de changement de résidence, il ne se renouvelle pas ; il suffit que l'agent fasse enregistrer sa commission et l'acte de sa prestation du serment au greffe du tribunal du ressort. (Circ., 21 octobre 1884, *B. O.*, p. 762.)

Les dispositions de l'article 365 (§ 2) du Code d'instruction criminelle ne sont pas appliquées aux contraventions à la police de la navigation. (Décrets des 19 et 20 mars 1852, article 8.) Par suite, toute infraction punie par la loi doit faire l'objet d'un procès-verbal distinct et être poursuivie séparément.

Les procès-verbaux sont signés et rédigés d'après le modèle n° 3,353 (nouveau) (1) de la nomenclature des imprimés ; ils doivent, à peine de nullité, être affirmés, dans les trois jours de leur clôture par-devant le juge de paix du canton ou l'un de ses suppléants, ou par-devant le maire ou l'adjoint, soit de la résidence de l'agent instrumentaire, soit de celle où le délit a été constaté. (Décret des

---

(1) Voir ce modèle à la fin de l'ouvrage, modèle A.

19 et 20 mars 1852, articles 9 et 8.) L'affirmation doit aussi être datée et signée, sous peine de nullité. (Circ., 15 janvier 1884, *B. O.*, p. 63.) Ne sont pas, toutefois, soumis à l'affirmation les procès-verbaux dressés par les officiers ou assimilés (commissaires de l'inscription maritime, consuls et vice-consuls de France, officiers et officiers-mariniers commandant les bâtiments ou embarcations de l'État).

Les procès-verbaux font foi jusqu'à inscription de faux. (Décrets précités, articles 9 et 8), ce qui signifie que les tribunaux doivent tenir pour établis les faits qu'ils déclarent. (Arrêts de la Cour de cassation des 15 avril et 1er juillet 1853, *B. O.*, p. 358 et 2 ; circ. du 13 mai 1886, *B. O.*, p. 860).

Les poursuites ont lieu à la diligence du ministère public et aussi des commissaires de l'inscription maritime. Ces officiers, dans ce cas, exposent l'affaire et sont entendus à l'appui de leurs conclusions. Les poursuites doivent être intentées dans les trois mois qui suivent le jour où la contravention a été constatée ou celui de la réception d'un procès-verbal dressé en pays étranger. Passé ce délai, l'action publique est prescrite. (Décrets, articles 10 et 8.)

Les commissaires de l'inscription maritime ont le droit d'exercer directement les poursuites, si le parquet s'y refuse, puis d'exposer eux-mêmes l'affaire et de présenter des conclusions au tribunal. Cette action publique, formellement dévolue à ces officiers par la circulaire du 10 février 1886. (*B. O.*, p. 234) ne leur avait pas été reconnue jusque-là. Dans une circulaire du 8 juin 1852 (*B. O.*, p. 613), le ministre Ducos, l'auteur de toute la législation sur la police de la navigation et des pêches, soutenait que les décrets-lois de 1852 leur avaient conféré simplement le pouvoir de rechercher et constater les contraventions, de transmettre directement les procès-verbaux aux procureurs, d'exposer enfin, non pas obligatoirement, mais facultativement, l'affaire devant le tribunal, si les circonstances et la spécialité de la matière leur semblaient nécessiter cette démarche. Son opinion reposait sur cette considération qu'aux termes des articles 8 et 22 du Code d'instruction criminelle, les procureurs de la République étant chargés de la poursuite de *tous* les délits dont la connaissance appartient aux tribunaux correctionnels, les articles 18 et 8 des décrets-lois des 9 janvier, 19 et 20 mars 1852, ont seulement précisé cette obligation par rapport aux contraventions à la police de la navigation et de la pêche cotière, obligation qui, explicitement confirmée par les articles 19, 10 et 8 des mêmes actes, demeure pour eux indivise en ce qui concerne les dites contraventions.

Cette manière de voir n'a pas été maintenue, par suite de l'esprit de certains procureurs de la République qui, sans refuser d'une anière absolue leur intervention directe dans les poursuites, se sont réservés de ne les exercer que lorsqu'elles leur paraîtraient suffisamment justifiées ou nécessitées par la gravité des affaires. Le ministre de la justice a d'abord admis la légitimité des résistances e ses subordonnés ; invoquant ensuite un arrêt de la Cour de cassation, en date du 4 juillet 1861 (*B. O.*, p. 103), il a exprimé l'avis que, par analogie avec le droit de poursuite qui appartient, depuis longtemps, à diverses administrations publiques, par exemple aux agents forestiers et à ceux des contributions indirectes, les décrets-lois de 1852 sur la police de la navigation et de la pêche avaient attribué aux commissaires de l'inscription maritime la plénitude de 'action publique. La marine a été, par suite, dans l'obligation de s'incliner, et, comme elle a, parfois, des raisons d'agir dans lesquelles le ministère public ne consent pas à entrer, elle s'est résolue à employer elle-même et sans intermédiaire, au besoin, les moyens de répression que la loi lui donne.

Les poursuites exercées par le ministère public restent la règle, et c'est à lui que l'on remet toujours les procès-verbaux. C'est seulement lorsque le parquet refuse d'agir, qu'il convient d'examiner s'il faut prendre en main les poursuites. Les commissaires de l'inscription maritime ne peuvent le faire de leur propre initiative ; ils doivent en référer à l'autorité supérieure, qui, après avoir tenté de nouvelles démarches pour obtenir le concours du parquet, et, en cas d'insuccès, doit prendre les ordres du ministre, si l'incident se produit en France ou en Algérie, et ceux du gouverneur ou commandant s'il se produit dans les colonies. L'autorisation de poursuivre n'est donnée que si l'intérêt maritime en jeu paraît assez considérable pour justifier la procédure exceptionnelle dont il s'agit.

Les commissaires de l'inscription maritime saisissent le tribunal correctionnel par voie de citation directement donnée au prévenu ou aux personnes civilement responsables. Ils se présentent ensuite à l'audience indiquée, exposent l'affaire et déposent leurs conclusions, en développant les raisons pour lesquelles l'autorité maritime a jugé la poursuite indispensable, quoique le parquet n'ait pas consenti à s'y associer.

Le droit d'appel étant une conséquence de l'action publique, les commissaires de l'inscription maritime ont la faculté de l'exercer dans les formes prescrites par les articles 202 et suivants du Code d'instruction criminelle, et sous la réserve du droit conféré au ministère public par l'article 184 du Code forestier. Mais il n'est jamais usé de cette faculté, sans l'autorisation spéciale du ministre, en France, ou du gouverneur ou commandant dans les colonies et en Algérie, autorisation qui est toujours demandée d'urgence, le délai d'appel n'étant que de dix jours, aux termes de l'article 203 du Code d'instruction criminelle.

Tout commissaire de l'inscription maritime, exerçant ses fonctions dans l'arrondissement où siège le tribunal compétent, a, par ce fait même, qualité pour mettre l'action publique en mouvement.

Il en résulte que les commissaires des quartiers dont le port chef-lieu n'a pas de tribunal correctionnel, peuvent, légalement, après avoir visé le procès-verbal d'une infraction commise dans leur quartier et constatée par un de leurs agents, déléguer leur droit de poursuite à leur collègue du port chef-lieu d'arrondissement où siège le tribunal.

Mais, lorsque le tribunal est situé dans une ville de l'intérieur, l'action présente une difficulté particulière. Il peut y avoir, en effet, de graves inconvénients à ce qu'un administrateur de la marine quitte son poste et laisse son service sans direction, pour suivre une affaire correctionnelle dans une ville plus ou moins éloignée. Lors donc que le cas se présente, il convient de le signaler au ministre, d'une manière spéciale, en le consultant sur l'opportunité des poursuites.

Cette procédure, il est facile de le voir, n'est ni commode, ni expéditive. Dans le cas où l'autorité supérieure décide qu'il n'y a pas lieu de continuer des poursuites commencées, les commissaires de l'inscription maritime voient leur autorité ou celle de leurs agents compromise ou tout au moins exposée d'une manière fâcheuse. Aussi, dans sa circulaire du 10 février 1886, le ministre a-t-il fait remarquer que le meilleur moyen de s'assurer le concours, jusqu'ici facile et efficace, des magistrats du parquet, c'est d'apporter une extrême réserve dans les demandes de poursuites.

Cette réserve a été recommandée à plusieurs reprises. Dans une circulaire du 3 mars 1857 (*B. O.*, p. 165), le ministre Ducos, celui-là même qui a créé toute la réglementation qui nous occupe, faisait déjà observer qu'en matière de police de la navigation, comme en toute autre, il vaut mieux prévenir les contraventions que de les réprimer. Une autre circulaire du 15 mai 1863 (*B. O.*, p. 240), a posé le principe qui doit diriger, à cet égard, les commissaires de l'inscription maritime. Chaque fois qu'un procès-verbal est dressé, le commissaire doit, d'abord, se rendre compte des circonstances du délit et de la position du prévenu. Si celle-ci mérite intérêt et que la contravention soit sans gravité, on se borne à adresser un avertissement au contrevenant ; dans le cas contraire, seulement, on donne suite au procès-verbal. S'il y a doute, il convient de consulter l'autorité supérieure, qui décide. Ce qu'il faut surtout poursuivre, c'est le mépris persistant de la loi, se traduisant par des infractions réitérées. (Circ., 24 mars 1882, *B. O.*, p. 369).

III

JURIDICTION COMPÉTENTE

Lorsque la Révolution détruisit la puissante institution de l'*amirauté* et répartit, par la loi du 13 août 1791, ses attributions entre les différents départements ministériels, elle chargea les tribunaux ordinaires de la répression de tous les faits délictueux ou irréguliers commis en mer, sauf en ce qui concerne certains actes coupables spéciaux, dont la connaissance a été réservée à une juridiction exceptionnelle, placée sous le contrôle du département de la marine. (Voir le décret-loi disciplinaire et pénal pour la marine marchandé du 24 mars 1852.) Au nombre de ces faits figuraient et figurent encore, de nos jours, les infractions à la police de la navigation et des pêches maritimes.

Les contraventions à la police de la navigation sont portées, en France et dans nos colonies, devant le tribunal correctionnel du lieu où elles ont été constatées. Si la contravention a eu lieu en pays étranger, le procès-verbal dressé par le consul ou l'officier commandant un bâtiment de l'État, est transmis au tribunal correctionnel dans le ressort duquel est situé le port d'immatriculation. (Circ., 20 mars et 7 mai 1852, *B. O.*, p. 306 et 541) du navire contrevenant. Cette transmission a lieu par l'intermédiaire du commissaire de l'inscription maritime compétent, qui consigne sur le procès-verbal la date de sa réception. (Décrets-lois des 19 et 20 mars 1852, article 8).

Dans le précédent chapitre, nous avons fait remarquer qu'à la suite du refus d'intervention de plusieurs procureurs de la République, la marine avait été obligée de conférer aux commissaires de l'inscription maritime le droit de poursuite directe. Ce droit, nous l'avons dit, ne s'exerce qu'exceptionnellement, et l'on a pu voir que ce n'était pas sans difficultés. Nous nous sommes demandé ce qu'il adviendrait, si tous les parquets se refusaient complètement à donner suite aux procès-verbaux. Sous peine de laisser les délits de navigation et de pêche impunis et de compromettre l'autorité de l'administration, il faudrait bien transformer les chefs de quartiers en véritables procureurs de la République. Cette perspective nous a conduits à examiner s'il n'y aurait pas quelque avantage pour l'État comme pour les particuliers, à faire juger les contraventions à la police de la navigation par d'autres tribunaux que ceux d'arrondissement.

Certes, à notre époque, les tribunaux spéciaux sont loin d'être en faveur. On songe bien plutôt à faire rentrer dans le droit commun la connaissance et la répression des délits et contraventions de toute nature. Nous croyons, néanmoins, qu'une juridiction spéciale, exclusivement maritime, conviendrait mieux à nos inscrits que celle des tribunaux correctionnels. Cette juridiction existe déjà, et, détail à considérer, elle connaît de certains délits de navigation. Nous voulons parler des tribunaux maritimes commerciaux. (Voir décret-loi du 24 mars 1852, articles 12 à 21, *B. O.*, p. 402)..

Aux termes de l'article 83 du décret-loi du 24 mars 1852, les tribunaux maritimes commerciaux infligent des amendes de 25 à 300 francs aux capitaines, maîtres et patrons qui ne se conforment point aux mesures prescrites par les articles 224, 225 et 227 du Code de commerce, ainsi qu'à ceux qui, hors le cas d'impossibilité absolue, ne déposent pas leur rôle d'équipage au bureau de la marine, ou à la chancellerie du consulat, 24 heures après leur arrivée dans un port de France, dans une colonie française ou dans un port étranger. L'article 84 du même acte punit d'une amende de 25 à 100 francs, à laquelle il peut être joint un emprisonnement de six jours à un mois, tout capitaine, maître ou patron qui, à moins de légitimes motifs d'empêchement, s'abstient, à son arrivée sur une rade étrangère ou à son départ, de se rendre à bord du bâtiment de guerre français commandant la rade. Enfin, l'article 85 punit d'une amende de 50 à 300 francs, à laquelle peut être ajouté un emprisonnement de dix jours à six mois, tout capitaine, maître ou patron (même de plaisance, Dépêche manuscrite du 14 novembre 1881), qui refuse d'obéir aux ordres relatifs à la police de la navigation émanant des autorités maritimes, des commissaires de l'inscription maritime, des consuls, des syndics et autres agents de la marine, ou qui outrage ces officiers, fonctionnaires et agents, par paroles, gestes ou menaces, dans l'exercice de leurs fonctions ou à l'occasion de cet exercice.

Il nous semble que les délits ci-dessus désignés, le premier surtout, qui n'est autre chose qu'une infraction à la police de la navigation, ne sont pas si différents de ceux que punissent les décrets-lois des 19 et 20 mars 1852. Il est à remarquer que la pénalité est plus forte dans le second cas que dans le premier. Pourtant, les infractions à la police de la navigation ont plutôt le caractère de contraventions que de délits. A notre avis, les tribunaux maritimes commerciaux pourraient, sans inconvénients, connaître les délits et contraventions à la police de la navigation.

On objectera, peut-être, que les jugements de ces tribunaux ne sont sujets à aucun recours en révision, ni en cassation. Nous répondrons qu'il est fort rare que les parties appellent d'un jugement de tribunal correctionnel, rendu en matière de navigation. Le pourvoi, lorsqu'il a lieu, est toujours du fait de l'administration. Or, elle a aussi le droit, dans l'intérêt de la loi, de transmettre au ministre de la justice, pour être déférés à la Cour de cassation, les jugements des tribunaux maritimes commerciaux susceptibles d'annulation. (Décret du 24 mars 1852, article 45.) Le ministre de la justice a le même droit, tant dans l'intérêt de la loi que dans celui du condamné. (Cir., 2 août 1877, *B. O.*, p. 99).

La juridiction des tribunaux maritimes commerciaux, appliquée aux contraventions en matière de navigation, offrirait, pour l'État, cet avantage qu'elle résoudrait promptement, en quelque sorte sur place et au moyen de personnes compétentes, des faits délictueux entièrement maritimes. Pour les particuliers, elle leur profiterait encore, en ce que la procédure devant ces tribunaux ne donne lieu à la perception d'aucun frais, ni d'aucune taxe quelconque. (Décret, article 46) ; qu'ils observent les dispositions de l'article 365 (§ 2) du

Code d'instruction criminelle, qui défendent le cumul des peines. (Circ., 20 octobre 1852, *B. O.*, p. 370) ; et qu'ils ne jugent pas par défaut. (Circ., 29 novembre 1853, *B. O.*, p. 853).

Le bénéfice des circonstances atténuantes est, à la vérité, refusé aux auteurs des délits punis par les tribunaux dont il s'agit. (Circ., 20 janvier 1854, *B. O.*, p. 44). Mais, d'abord, cela n'est pas rigoureusement exact. Le ministre a fait remarquer, par une dépêche manuscrite du 8 mai 1855, qu'il concevait que les juges auxquels la loi a laissé la plus grande latitude dans l'application des peines, tinssent compte de ces mille nuances qui distinguent les actions de l'homme et modifient la culpabilité du même fait. D'ailleurs, on comprend que les dispositions de l'article 463 du Code pénal ne soient point applicables aux délits maritimes. Ces délits, en effet, sont ou ne sont pas, et ils ne peuvent être atténués, sans préjudicier à la répression légale et à l'autorité requérante elle-même. Ainsi que nous le verrons à la deuxième partie de cette étude, il n'existe pas de circonstances atténuantes pour les délits de la pêche cotière. (Circ., 29 mai 1884, *B. O.*, p. 977).

DEUXIÈME PARTIE

Police des Pêches.

La police des pêches maritimes peut se diviser, au point de vue des infractions et de la réglementation, en huit catégories distinctes, savoir :

La police de la pêche cotière ou petite pêche ;

La police de la pêche spéciale du hareng et du maquereau ;

La police de la pêche dans les mers situées entre l'Angleterre et la France ;

La police de la pêche dans les eaux internationales de la mer du Nord ;

La police de la pêche de la morue à l'île de Terre-Neuve ;

La police de la pêche dans la Bidassoa ;

La police de la pêche du corail en Algérie ;

La police de la pêche faite par les étrangers dans nos eaux territoriales.

I

CONTRAVENTIONS ET PÉNALITÉS

§ 1er. — Pêche cotière.

Les contraventions à la police de la pêche cotière sont énumérées dans la loi du 9 janvier 1852 (*B. O.*, p. 44). Cet acte, appuyé et interprété par de nombreuses circulaires ministérielles et par des arrêts de la Cour de cassation et de diverses Cours d'appel, indique également leur sanction.

Nous allons les passer en revue en les numérotant suivant la peine, comme nous l'avons fait pour la police de la navigation.

Nº 1

La première contravention est signalée et punie par les articles 5 et 6 de la loi ainsi conçus :

Quiconque aura formé, sans autorisation, un établissement de pêcherie, de parc à huîtres ou à moules, ou de dépôt de coquillages, de quelque nature qu'il soit, sera puni d'une amende de 50 à 250 francs, et pourra, en outre, être puni d'un emprisonnement de 6 jours à 1 mois;

Est puni *des mêmes peines :*

1° Quiconque s'est servi d'appâts prohibés ;

2° Quiconque, dans l'établissement ou l'exploitation des pêcheries, parcs ou dépôts autorisés, a contrevenu aux décrets qui déterminent, pour chaque arrondissement maritime, les conditions d'établissement de ces derniers et de leur exploitation ; les rets, filets, engins, bateaux et autres instruments, ainsi que les matériaux qui peuvent y être employés.

Dans ce dernier cas, l'autorisation donnée à la formation de l'établissement peut être révoquée et l'établissement, lui-même, détruit aux frais des contrevenants. Les établissements formés sans autorisation sont toujours détruits aux frais des contrevenants. (Mêmes articles de la loi).

Le ministre de la marine a *seul* le droit d'autoriser la création d'établissements de pêche dans les eaux maritimes, sur les plages salines et dans les propriétés privées alimentées par l'eau de la mer (Article 2 de la loi et arrêt de la Cour de cassation du 19 juillet 1856, *B. O.*, p. 1294). La manière de procéder pour obtenir cette autorisation est tracée par le décret du 10 novembre 1862 (*B. O.*, p. 452), l'arrêté du 12 mai 1876 (*B. O.*, p. 1032), et la circulaire du 2 février 1888 (*B. O.*, p. 116).

Les décrets dont parle la loi sont ceux des 4 juillet 1853 (pour les quatre premiers arrondissements maritimes), 19 novembre 1859 (pour la Méditerranée), et 10 mai 1862 (pour les cinq arrondissements), auxquels il faut en ajouter plusieurs autres, notamment ceux des 28 mars 1852 et 7 février 1854. (Pêche du hareng et du maquereau), 8 février 1868. (Récolte des plantes marines, *B. O.*, p. 135), 14 août 1872. (Transport des huîtres dans la rade de Brest, *B. O.*, p. 167), 20 novembre 1875. (Pêche de la truite et du saumon, *B. O.*, p. 536), 12 janvier 1882. (Vente des huîtres, *B. O.*, p. 39), 2 juin 1886. (Pêche de la truite dans la partie maritime de la rivière la Liane, du quartier de Boulogne, *B. O.*, p. 1026), 21 janvier 1888 (pêche de la sardine, *B. O.*, p. 57), 9 avril 1888 (pêche dans les eaux du quartier de l'Aberwrac'h, *B. O.*, p. 388), 5 mai 1888 (pêche cotière en Algérie, *B. O.*, p. 732), 2 juin 1888 (pêche du sprat, *B. O.*, p. 933), etc. On peut encore joindre à ces décrets divers arrêtés des préfets maritimes et du commandant de la marine en Algérie.

N° 2

La deuxième contravention est signalée et punie par l'article 7 de la loi, qui s'exprime ainsi :

Sera puni d'une amende de 25 à 125 francs ou d'un emprisonnement de 3 à 20 jours :

1° Quiconque aura fabriqué, détenu hors de son domicile, ou mis en vente les rets, filets, engins, instruments de pêche prohibés par les règlements ou en aura fait usage ;

2° Quiconque aura contrevenu aux dispositions spéciales établies par les règlements pour prévenir la destruction du frai et du poisson assimilé au frai, ou pour assurer la conservation et la reproduction du poisson et du coquillage ;

3° Quiconque aura fait usage d'un procédé ou mode de pêche prohibé par les décrets ;

4° Quiconque aura pêché, transporté, mis en vente ou employé à un usage quelconque le frai, le poisson assimilé au frai, le poisson ou le

coquillage dont les dimensions n'atteindraient pas le minimum déter-
miné par les règlements.

La peine sera double, lorsque le transport aura lieu par bateaux,
voitures ou bêtes de somme.

Un engin ou instrument employé hors des conditions déterminées devient un engin ou instrument *prohibé*, dont l'usage doit être réprimé par l'article ci-dessus de la loi. (Arrêt de la Cour d'appel de Rouen, du 3 août 1876, *B. O.*, p. 319).

Aux termes de l'article 4 du décret du 12 janvier 1882 (*B. O.*, p. 39), les pénalités de l'article 7 s'appliquent, également, aux personnes qui vendent des huîtres, du 15 juin au 1er septembre de chaque année, ou qui les exposent sur les marchés, lorsqu'elles sont d'une dimension inférieure à 5 centimètres et destinées à des établissements ostréicoles, sauf la tolérance admise par l'arrêté du 21 mars 1887 (*B. O.*, p. 318).

La pêche de poissons de dimension non réglementaire, constitue une contravention, quand bien même ces poissons seraient sans valeur et non susceptibles d'arriver à une croissance de 81 millimètres. (Arrêt de la Cour de cassation du 10 avril 1856, *B. O.*, p. 452).

L'expression *règlement*, dont se sert la loi, ne doit s'entendre que des divers décrets que nous avons énumérés plus haut (1) et qui déterminent, pour chaque sous-arrondissement et quartier maritimes, les mesures d'ordre et de précaution propres à assurer la conservation de la pêche et à en régler l'exercice. (Circ., 6 avril 1855, *B. O.*, p. 175).

Nᵒ 3

La troisième contravention est signalée et punie par l'article 8 de la loi, dont voici la teneur :

Sera puni d'un emprisonnement de 2 à 10 jours et d'une amende de
5 à 100 francs :

1ᵒ Quiconque se livrera à la pêche pendant les temps, saisons et

---

(1) Voir particulièrement les décrets du 10 mai 1862, *B. O*, p. 446, et 5 mai 1888, *B. O.*, p. 732.

heures prohibés, ou aura péché en dedans des limites fixées par les décrets ou arrêtés (les mêmes que ci-dessus) rendus pour déterminer la distance de la côte, de l'embouchure des étangs, rivières et canaux dans lesquels la pêche aura été interdite ;

2° *Quiconque aura enfreint les prescriptions relatives à l'ordre et à la police de la pêche en flotte ;*

3° *Quiconque se sera refusé à laisser opérer dans les pêcheries, parcs, lieux de dépôt de coquillages, bateaux de pêche et équipages, les visites requises par les agents chargés de la recherche et de la constatation des contraventions.* (Voir le chapitre II ci-après).

N° 4

La quatrième et dernière contravention est indiquée, d'une façon générale, et punie par l'article 9 de la loi, ainsi libellé :

Seront punies d'une amende de 2 à 50 francs, ou d'un emprisonnement d'un à cinq jours, toutes autres contraventions aux règlements rendus en exécution de la loi. (Voir ce que nous avons déjà dit sur le sens et la portée du mot Règlement).

La pêche cotière, il est bon de le faire remarquer ici, est libre et gratuite pour les inscrits maritimes, mais le commandement d'une embarcation de petite pêche ne peut être exercé que par un marin définitivement inscrit. (Article 7 du décret-loi du 20 mars 1852).

Les bateaux de plaisance ne peuvent pratiquer la pêche qu'accidentellement, à titre de passe-temps et avec une ligne armée de deux hameçons au plus. (Décret du 10 novembre 1885, *B. O.*, p. 977).

Il est défendu aux agents des douanes de se livrer à la pêche maritime. (Circ., 20 et 31 octobre 1851, *B. O.*, p. 367 et 369.) Les syndics des gens de mer, gardes maritimes et autres salariés ne peuvent pas, non plus, pêcher eux-mêmes. (Circ., 28 juin 1854, *B. O.* p. 68).

Enfin, les bateaux de pêche, indépendamment de leur nom et de l'indication de leur port d'attache, doivent porter à la poupe et sur leur grand'voile les initiales et le numéro matricule de leur quartier respectif. (Décrets des 4 juillet 1853 et 19 novembre 1859 et arrêté du 17 mai 1882, *B. O.*, p. 670) (1).

Nº 5

En cas de conviction de plusieurs infractions à la loi sur la pêche côtière, et aux arrêtés et règlements rendus pour son exécution, la peine la plus forte est seule prononcée. Quant aux peines encourues pour des faits postérieurs à la déclaration du procès-verbal de contravention, elles peuvent être cumulées, s'il y a lieu, sans préjudice des peines de la récidive. (Article 10 de la loi).

Il y a récidive lorsque, dans les deux ans précédents, il a été rendu contre le contrevenant un jugement pour contravention en matière de pêche. Celui-ci est alors condamné au maximum de la peine de l'amende ou de l'emprisonnement, et ce maximum peut être élevé jusqu'au double. (Article 11).

Lorsqu'une première contravention entraîne cumulativement l'emprisonnement et l'amende, le juge doit, en cas de récidive, infliger les deux peines, mais en élevant seulement l'une d'elles au maximum. (Circ., 12 mars 1856, *B. O.*, p. 173).

Les armateurs des bateaux de pêche, qu'ils en soient ou non propriétaires, peuvent être déclarés responsables des amendes prononcées, à raison des faits des patrons et équipages de ces bateaux ; ceux qui exploitent les établissements de pêcheries, de parcs à huîtres ou à moules et de dépôts de coquillages, à raison des faits de leurs agents ou employés. Ils sont, dans tous les cas, responsables des condamnations civiles. Sont également responsables, tant des amendes que des condamnations civiles, les pères, maris et maîtres, à raison des faits de leurs enfants mineurs, femmes, préposés et domestiques. Cette responsabilité est réglée, conformément au dernier paragraphe de l'article 1384 du Code civil. (Article 12 de la loi).

---

(1) Voir pour la pêche cotière en Algérie, le décret et l'arrêté du 5 mai 1888 (*B. O.*, p. 732 et 754).

En vertu de ces principes, les détenteurs d'une pêcherie doivent tous, en cas d'infraction, être compris dans le procès-verbal de contravention, quand bien même elle ne serait commise que par un seul des associés. (Circ., 18 août 1855 et 10 juin 1876, *B, O.*, p. 755 et 1027).

Le produit des amendes et confiscations résultant des condamnations prononcées à l'occasion de la police de la pêche côtière est attribué, comme pour la police de la navigation, à la Caisse des invalides de la marine, sous la déduction du cinquième appartenant aux agents verbalisateurs (Officiers mariniers et inspecteurs des pêches compris. Circ., 3 mars et 11 mai 1877, *B. O.*, p. 244 et 576), dans la limite de 25 francs pour chaque infraction. (Article 15 de la loi).

Les percepteurs des contributions directes sont, ici aussi, chargés du recouvrement des amendes ; ils en versent le montant dans les mains des trésoriers des Invalides, qui effectuent le payement de la part revenant aux agents. (Instruction du 20 septembre 1875, *B. O.*, de 1876, p. 407 ; circ. du 11 mars 1880, *B. O.*, p. 580).

§ 2. — Pêche du hareng et du maquereau.

La pêche du hareng et du maquereau est régie par les mêmes décrets que toute la pêche côtière. Toutefois, au point de vue des infractions et de leur répression, elle est soumise à deux prescriptions particulières contenues dans les décrets des 28 mars 1852 (harengs), et 7 février 1854 (maquereaux), [*B. O.*, p. 443 et 89.]

N° 1

La première contravention est signalée et punie par les articles 6 et 1er des deux actes précités, ainsi conçus :

Tout achat ou tentative d'achat, toute introduction ou tentative d'introduction de harengs ou de maquereaux de pêche étrangère, par un bateau français armé pour la pêche, entraînera la saisie de tout le poisson qui se trouvera à bord, ainsi que celle du bateau, de ses agrès, apparaux et ustensiles de pêche. L'armateur, en cas de complicité, sera condamné à une amende de 500 à 2,000 francs.

Dans le cas de condamnations prononcées, le patron du bateau saisi et les hommes de l'équipage peuvent être levés, par mesure de discipline, pour le service de la flotte ; ils y sont maintenus pendant un an au moins et trois ans au plus, avec réduction de solde. Toutefois, les conseils d'avancement de bord peuvent, après six mois au moins d'embarquement, prononcer leur réintégration à la solde entière. (Mêmes articles).

Les dispositions pénales ci-dessus sont appliquées à l'armateur, et les dispositions disciplinaires au patron et aux hommes de l'équipage, lorsque le bateau qui revient sur lest, dans un port de France, a été, soit surpris en flagrant délit d'achat ou tentative d'achat, soit rencontré à l'étranger, dans un port ou une rade fermée, hors les cas de nécessité ou de force majeure dûment justifiés, selon les formes déterminées par le décret du 7 juin 1852 et la circulaire du 12 juillet 1878, *B. O.*, p. 651 et 32. (Article 7 et 1er).

L'amende résultant de la contravention n° 1 est attribuée, dans la proportion d'un tiers, à la Caisse des invalides ; d'un tiers au Trésor public, et d'un tiers aux agents verbalisateurs. (Article 13).

N° 2

La seconde contravention est indiquée et punie par les articles 12 et 1er, dont voici le sens :

Sont punis d'une amende de 100 à 1000 francs les armateurs qui ne font pas opérer, en présence du commissaire de l'inscription maritime, la constatation de leurs engagements avec leurs équipages, ainsi que le règlement des comptes après le voyage et le payement de la part revenant à chaque marin.

Ne sont, toutefois, soumis à cette obligation que les armements effectués avec *salaison à bord* sur les côtes d'Écosse et d'Angleterre. (Circ., 27 février 1865, *B. O.*, p. 106).

L'amende est, ici, versée tout entière dans la Caisse des invalides. (Article 13).

§ 3. — Pêche entre l'Angleterre et la France.

Les contraventions à la police de la pêche dans les mers situées entre l'Angleterre et la France, sont énumérées dans le règlement général du 23 juin 1843 et punies conformément aux prescriptions de la loi du 23 juin 1846. (*B. O.*, R., p. 285).

N° 1

La première est signalée et punie par l'article 4 de la loi, ainsi conçu :

L'emploi de filets ou autres instruments de pêche, dont l'installation, les dimensions, le poids ou les mailles seraient en contravention aux règles établies pour chaque espèce de pêche, donnera lieu à la saisie et à la destruction des filets ou instruments et à une amende de 10 à 75 francs, ou à un emprisonnement de 2 à 10 jours.

Les règles établies pour chaque espèce de pêche sont celles indiquées au règlement. (*B. O.*, R., p. 288).

N° 2

La deuxième contravention est signalée et punie par l'article 5 de la loi, qui s'exprime ainsi :

Seront condamnés à une amende de 10 à 125 francs, ou à un emprisonnement de 5 à 15 jours, ceux qui, de jour ou de nuit, soit réunis, soit isolément, contreviendront aux mesures d'ordre et de précaution prescrites par le règlement général.

Ces mesures concernent notamment :

Les lettres, les numéros et les noms à placer sur les bateaux, les voiles, les filets, les bouées, etc. ; les guidons que les bateaux sont tenus de porter ; les distances à observer par les bateaux entre eux ;

le placement et le mouillage des dits ; le placement ou le jet des filets et le retrait des filets ; le dégagement de ces derniers ; les bouées à placer sur eux ; enfin, les feux à arborer.

N° 3

La troisième et dernière contravention consiste, d'une façon générale, *dans toutes les autres infractions aux règles prévues par le règlement*, et est punie, aux termes de l'article 6 de la loi :

1° Par la saisie et la destruction des filets ou instruments de pêche en contravention aux dites règles établies pour chaque espèce de pêche;

2° Par une amende de 10 à 250 francs, ou un emprisonnement de 2 jours à un mois.

En cas de récidive, la peine peut être doublée. Il y a récidive, ici comme pour la pêche côtière, lorsque, dans les deux années qui ont précédé l'infraction, le délinquant a été condamné pour contravention au règlement. (Article 7).

§ 4. — Pêche dans la mer du Nord.

Les contraventions à la police de la pêche dans la mer du Nord sont énumérées dans la Convention internationale du 6 mai 1882 et punies, conformément aux prescriptions de la loi du 15 janvier 1884. (*B. O.*, p. 855) (1).

N° 1

La première contravention est signalée et punie par l'article 8 de la loi, ainsi conçu :

Sera puni d'une amende de 25 à 125 francs ou d'un emprisonnement de 3 à 20 jours :

1° Quiconque aura fabriqué, détenu hors de son domicile, mis en

____

(1) Pour les autres puissances, voir les règlements insérés au *B. O.*, de 1888, Ier vol., p. 887 à 924.

vente, embarqué ou fait embarquer des instruments ou engins servant exclusivement à couper ou à détruire les filets ;

2° Quiconque aurait fait usage de ces mêmes instruments ou engins.

La peine est double, lorsque l'embarquement ou l'usage des instruments ou engins prohibés ont eu lieu pendant la nuit. (Article 9 de la loi).

La pénalité ci-dessus a été, évidemment, empruntée à la loi du 9 janvier 1852 (article 7), et elle frappe des infractions à peu près semblables à celles que prévoit son article 7.

N° 2

La deuxième contravention est indiquée et punie par l'article 12 de la loi, ainsi libellé :

Sera puni d'un emprisonnement de 2 à 10 jours et d'une amende de 5 à 100 francs :

1° Quiconque aura résisté aux prescriptions des commandants des bâtiments croiseurs chargés de la police de la pêche ou de ceux qui agissent d'après leurs ordres ;

2° Tout patron de bateau de pêche qui ne sera pas porteur d'une pièce officielle, dressée par les autorités compétentes, lui permettant de justifier de la nationalité de son bateau (acte de francisation et congé de la douane pour les bateaux français) ;

3° Quiconque aura dissimulé, par un moyen quelconque, la nationalité du bateau.

La pénalité dont il s'agit a encore été empruntée à la loi du 9 janvier 1852. (Article 8), sans qu'il y ait une grande analogie entre les deux sortes de contraventions.

N° 3

La troisième et dernière contravention est signalée et punie par l'article 13 de la loi, dont voici la teneur :

Seront punis d'une amende de 2 à 50 francs ou d'un emprisonne-

ment d'un à cinq jours (pénalité de l'article 9 de la loi du 9 janvier 1852), ceux qui contreviendront aux mesures d'ordre et de précautions prises par la convention internationale du 6 mai 1882. (B. O., de 1884, p. 847).

Ces mesures concernent notamment :

Les lettres initiales et numéros des bateaux de pêche ;

Le nom de chaque bateau, l'indication de son port d'attache ;

Le placement et la dimension des lettres et des numéros sur les bateaux et les voiles ;

L'interdiction de mettre à l'extérieur des bateaux, d'autres lettres ou numéros que ceux adoptés par les autorités compétentes ;

La défense d'effacer ou de cacher les noms, lettres et numéros ;

Les marques à porter sur les principaux engins de pêche ;

La défense de mouiller dans les parages où se pratique la pêche dérivante ;

Le placement des pêcheurs arrivant sur les lieux de pêche ;

Le jet des filets par les bateaux pontés et les bateaux non pontés ;

La défense de mouiller des filets dans les parages où se pratique la pêche dérivante ;

L'interdiction aux pêcheurs d'amarrer leurs bateaux sur des bouées ou des engins de pêche qui ne leur appartiennent pas ;

Les dommages causés par les pêcheurs au chalut, à défaut par eux d'avoir pris des mesures propres à les empêcher lorsqu'ils se trouvent en vue de pêcheurs aux filets dérivants ou à la ligne de fond ;

Les filets qui se mêlent ;

Les lignes mêlées ;

La défense aux pêcheurs de couper, de crocher ou de soulever des filets, cordes et engins qui ne leur appartiennent pas. (Voir la convention).

N° 4

En cas de conviction de plusieurs infractions à la loi, la peine la plus forte est seule prononcée, comme en matière de pêche côtière. Tout ce que nous avons dit, à ce sujet, au paragraphe de cette dernière pêche (N° 5) est ici, également applicable, la loi n'ayant fait que reproduire les dispositions semblables de celle du 9 janvier 1852. (Voir les articles 15, 16, 20 et 21).

§ 5. — Pêche de la morue à Terre-Neuve.

Les contraventions à la police de la pêche de la morue à l'île de Terre-Neuve, sont énumérées et punies par le décret ayant force de loi du 2 mars 1852 (*B. O.*, p. 215), modifié par celui du 22 mars 1862. (*B. O.*, p. 290).

N° 1

La première contravention consiste, aux termes de l'article 21 du décret, dans le fait :

De la part de tout capitaine de navire, d'avoir appareillé et fait route pour le banc et pour la côte ouest de Terre-Neuve avant le 1er mars ; et, pour la côte est, avant le 1er avril ;

Ou :

D'avoir expédié des bateaux sur la côte, si le navire en est éloigné de plus d'un myriamètre, et, même, d'une moindre distance, s'il y a banquise formée.

La pénalité est, *pour chaque cas, une amende de 1,000 francs, dont l'armateur est solidairement responsable.*

Ce sont les journaux des capitaines et des officiers qui constatent la distance de la côte et la formation de la banquise. (Même article).

Tout navire précédemment concessionnaire d'une place à la côte de l'ouest, qui devient concessionnaire d'une place à la côte de l'est, peut, par exception, partir le 20 mars, à l'effet de faire en temps utile le transport de son matériel. (*Idem*).

Les navires pêcheurs, *non pourvus de sel*, et destinés pour le banc et la côte ouest, peuvent être expédiés des ports de France pour l'Espagne et le Portugal, à compter du 10 février de chaque année ;

mais, dans ce cas, les consuls, vice-consuls et agents consulaires français du port étranger de destination ne doivent pas les laisser partir pour les lieux de pêche avant la date réglementaire. (Circ., 10 février 1853, *B. O.*, p. 115).

N° 2

La deuxième contravention est signalée et punie par l'article 22 (modifié) du décret, qui s'exprime ainsi :

Aucun capitaine ne pourra établir son navire, pour faire pêche ou sécherie, dans un havre autre que celui qui lui aura été assigné par le bulletin de mise en possession (délivré par le commissaire de l'inscription maritime du port d'armement), sous peine de 500 francs d'amende, indépendamment d'une interdiction de commandement.

La défense ci-dessus est sans préjudice des arrangements qui peuvent être faits à l'amiable, entre les armateurs ou capitaines, pour l'occupation réciproque par leurs navires des havres et des places qui leur ont été respectivement affectés sur l'une et l'autre côte, et elle ne s'étend pas aux havres absolument inoccupés, où les bâtiments peuvent se placer et ont la faculté de conserver la place en faisant, au retour du voyage, l'abandon de celle déjà concédée. (Même article).

Les bateaux à la ligne de main, expédiés en dégrat, sont seuls admis à pêcher, trancher et saler dans tous les havres, et même à sécher sur les terrains vacants des dits havres. (Le dégrat des bateaux pêchant aux harouelles (lignes de fond) est autorisé à la côte ouest, mais seulement dans les baies communes et dans les havres inoccupés. (Décret du 22 mars 1862, article 22).

N° 3

La troisième contravention est indiquée et punie par l'article 25 du décret, ainsi conçu :

Il est défendu à tout capitaine, sous peine de 500 francs d'amende, de jeter du lest dans les havres, de s'emparer des sels, des huiles et des autres objets qui auraient pu être laissés l'année précédente ; de rompre, transporter, dégrader ou laisser tomber en ruines les chafauds, cabanes et dépendances de la place dont il est concessionnaire.

Il est, en outre, expressément recommandé à tout capitaine d'améliorer la place qu'il occupe. (Même article).

Les amers servant à indiquer l'entrée des havres doivent aussi être entretenus par les capitaines les plus voisins des dits havres. (Décret du 22 mars 1862, article 25 *bis*).

N° 4

La quatrième contravention est relatée et punie par l'article 26 du décret (modifié), dont voici la teneur :

Il est interdit à tout capitaine de s'emparer des chaloupes et des bateaux échoués sur la côte, sans un pouvoir spécial des propriétaires de ces embarcations, à peine d'en payer le prix, ainsi que 50 francs d'amende.

Si les propriétaires des chaloupes et des bateaux ne s'en servent pas ou n'en ont pas disposé, ceux qui en ont besoin peuvent, avec la permission du capitaine-prud'homme (Voir le chapitre II ci-après) en faire usage pour leur pêche, à condition qu'à leur retour ils en payent le loyer aux propriétaires. (Même article).

N° 5

La cinquième et dernière contravention est signalée et punie par l'article 43 du décret, ainsi libellé :

Le ministre de la marine retirera sa lettre de commandement, pour un temps dont sa décision fixera la durée, à tout capitaine qui aura vendu ou laissé vendre à son bord des boissons spiritueuses. Une amende de 500 francs sera encourue par tout armateur qui fera vendre de ces boissons pour son compte aux équipages de ses navires.

Pour comprendre cette contravention, il faut savoir que l'embarquement des provisions particulières de boissons spiritueuses à bord des bâtiments faisant la pêche de la morue est formellement interdit. (Article 43 de la loi et Circ. 4 mars 1862, *B. O.*, p. 187).

§ 6. — Pêche dans la Bidassoa.

Les contraventions à la police de la pêche dans la Bidassoa sont signalées, d'une façon générale, dans la convention conclue, le 18 février 1886, entre la France et l'Espagne, et punies par les articles 17 à 23 de cette convention, rendue exécutoire chez nous par le décret du 31 octobre 1886. (*B. O.*, p. 616) [1].

La pénalité est uniforme et consiste dans :

1° *La saisie et la destruction des filets ou autres instruments de pêches défendus ;*

2° *L'amende, depuis 10 francs jusqu'à 80 francs, ou l'emprisonnement pendant deux jours au moins et dix jours au plus.* (Article 17).

En cas de récidive, l'infracteur est condamné au double de l'amende ou de l'emprisonnement, sans que cette peine puisse jamais dépasser le maximum. Il y a récidive, lorsque, dans les douze mois précédents, il a été rendu contre le délinquant un premier jugement pour contravention. Si, dans la même période de temps, il a été rendu deux jugements contre le contrevenant, l'amende ou l'emprisonnement peuvent être portés au double du maximum. (Article 18).

En sus de la peine infligée, le tribunal ordonne, lorsqu'il y a lieu, le payement de dommages-intérêts en faveur de qui de droit et il en détermine le montant. (Article 19).

Tout riverain qui pêche le saumon en dehors de son tour de pêche, sans l'autorisation de celui à qui ce tour revient, est passible de l'amende ou de l'emprisonnement et, de plus, doit restituer le poisson pris en contravention ou sa valeur au pêcheur dont il a pris

(1) Un protocole a été signé entre la France et l'Espagne, le 19 janvier 1888, pour modifier divers articles de cette convention (*J. O.*, 1er mai 1888, p. 273).

le tour. En cas de récidive, il peut être condamné à l'amende ou à l'emprisonnement; la confiscation des filets peut être aussi prononcée. (Article 20).

Le produit des amendes prononcées est versé dans les caisses des municipalités riveraines et le quart en est attribué aux gardes-pêche ou à l'agent de police municipale qui a constaté la contravention. (Article 22. Voir le chapitre II ci-après).

Les pères, mères, maris et maîtres peuvent être déclarés responsables des amendes prononcées pour contraventions commises par leurs enfants mineurs, leurs femmes ou leurs serviteurs. (Article 23).

Le droit de pêche dans la Bidassoa appartient exclusivement et indistinctement, en France, aux habitants des communes riveraines d'Urrugue, Hendaye et Biriatou, et il est à remarquer que les pêcheurs ne sont pas tenus d'être inscrits maritimes. (Article 1er).

§ 7. — Pêche du corail en Algérie.

Les contraventions à la pêche du corail en Algérie sont énumérées dans le décret du 22 novembre 1883 (*B. O.*, p. 788) et punies par la loi du 9 janvier 1852 sur la pêche côtière.

Les contraventions consistent, aux termes des articles 1er et 5 du décret, dans le fait :

D'avoir employé, pour la récolte du corail sur les côtes de l'Algérie et de la Tunisie, d'autres engins que celui qui a la forme d'une croix garnie de filets de chanvre et munie à son centre d'un poids suffisant pour la faire descendre au fond, les bras de cette croix ne devant porter aucune armature métallique, de quelque forme qu'elle puisse être ;

Ou :

D'avoir employé des instruments en fer ou autre métal, tels que : grattes, dragues, casserolles, grappins, cercles, etc. ;

Ou encore :

D'avoir fabriqué et mis en vente des engins ou parties d'engins prohibés.

La pénalité est *celle* qui est prévue par l'article 7 de la loi sur la pêche côtière, *c'est-à-dire une amende de 25 à 125 francs ou un emprisonnement de 3 à 20 jours.*

Le scaphandre est autorisé. Tout instrument nouveau peut être permis, en vertu d'un décret, si, après examen et essai, il est reconnu ne pas devoir nuire à la conservation des bancs de corail. (Article 2).

Les dispositions de la loi sur la pêche côtière relatives à la récidive, à l'attribution du montant des amendes et confiscations à la Caisse des invalides, et au payement du cinquième revenant aux agents verbalisateurs, sont applicables à la police de la pêche du corail en Algérie. (Articles 4 à 8).

§ 8. — Pêche faite par les étrangers dans nos eaux territoriales.

Les contraventions que peuvent commettre les pêcheurs étrangers dans nos eaux territoriales, sont indiquées dans la loi du 1er mars 1888 (*B. O.*, p. 230) et punies conformément aux prescriptions de la dite loi.

No 1

La première contravention est signalée et punie par l'article 2 de la loi, ainsi conçu :

Si le patron d'un bateau étranger ou les hommes de son équipage sont trouvés jetant des filets dans la partie réservée des eaux territoriales françaises ou y exerçant la pêche d'une façon quelconque, le patron est puni d'une amende de 16 francs au moins et de 250 francs au plus.

La peine peut être portée au *double* en cas de récidive. Il y a récidive lorsque, dans les deux années précédentes, il a été rendu contre le contrevenant un jugement pour infraction à la loi.

Pour comprendre cette contravention, il faut savoir que la pêche est interdite aux bateaux étrangers dans les eaux territoriales de la France et de l'Algérie, en deçà d'une limite qui est fixée à trois milles marins, au large de la laisse de basse mer. Pour les baies, le rayon de trois milles est mesuré à partir d'une ligne droite tirée en travers de la baie, dans la partie la plus rapprochée de l'entrée, au premier point où l'ouverture n'excède pas dix milles.

Dans chacun des arrondissements maritimes, et pour l'Algérie, des décrets déterminent la ligne à partir de laquelle cette limite est comptée. Voir pour le 5e arrondissement et l'Algérie, les deux décrets du 9 juillet 1888 (*B. O.*, p. 45 et 48).

N° 2

La deuxième contravention est indiquée, d'une façon générale, par le décret du 19 août 1888 (*B. O.*, p. 173), et punie, par l'article 11 de la loi, d'une *amende de 16 francs au moins et de 100 francs au plus, sans préjudice de la retenue du bateau.*

II

POLICE JUDICIAIRE

Les infractions à la police des pêches maritimes sont recherchées et constatées par des autorités différentes, suivant le genre de pêche. Elles sont poursuivies, c'est-à-dire déférées au ministère public par les commissaires de l'inscription maritime à peu près exclusivement. L'action publique a même été dévolue à ces derniers, à défaut des procureurs de la République, ainsi que nous l'avons déjà fait remarquer pour les contraventions à la police de la navigation.

§ 1er. — Pêche côtière.

Les contraventions à la police de la pêche côtière sont recherchées et constatées *exclusivement* (Cir. 19 janvier 1855, *B. O.*, p. 53) par les commissaires de l'inscription maritime, les officiers et officiers-mariniers commandant les bâtiments et les embarcations garde-pêche, les inspecteurs des pêches maritimes, les syndics des gens de mer, les prud'hommes-pêcheurs, les gardes-jurés de la marine, les gardes maritimes et les gendarmes de la marine. (Loi du 9 janvier 1852, article 16).

Les syndics, gardes maritimes et gendarmes de la marine sont aussi autorisés à concourir à l'exécution des règlements sur la pêche fluviale, dans la partie des cours d'eau comprise entre les limites de l'inscription maritime et le point de cessation de la salure des eaux. (Décret du 27 novembre 1859 et Circ. du 26 novembre 1875. *B. O.*, p. 479 et 528).

Les officiers et agents, chacun dans la limite de leurs attributions, ont le droit de requérir la force publique pour la répression des infractions, ainsi que pour la saisie des filets, engins et appâts prohibés, qu'ils peuvent rechercher à domicile chez les marchands et fabricants, et du poisson et des coquillages pêchés en contravention. (Loi du 9 janvier 1852, articles 13 et 14).

Les contraventions peuvent être constatées même avec la longue-vue. (Circ., 19 janvier 1855, *B. O.*, p. 58, et décret du 5 mai 1888 (art. 4), *B. O.*, p. 735).

Les syndics, prud'hommes, gardes et gendarmes sont assermentés.

Les procès-verbaux sont signés et rédigés d'après la formule donnée par la circulaire du 8 juin 1853 (*B. O.*, p. 526) (1) ; ils doivent être dressés et affirmés dans les mêmes formes et conditions que pour la police de la navigation. Ceux qui sont établis par les officiers et assimilés, inspecteurs des pêches compris, sont exemptés de l'affirmation. (Loi, article 17).

A défaut de procès-verbaux ou en cas d'insuffisance de ces actes, les contraventions peuvent être prouvées par témoins. (Loi, article 20).

Tout ce que nous avons dit au chapitre II de la police de la navigation relativement au serment des agents, à la valeur judiciaire

---

(1) Modèle n° 3378 de la nomenclature des imprimés. La formule a été modifiée par la circulaire du 15 janvier 1884 (*B. O.*, p. 63). Voir ce modèle à la fin de l'ouvrage, modèle B.

des procès-verbaux, aux poursuites, à l'action directe dévolue aux commissaires de l'inscription maritime, à la prescription de l'action publique, enfin à la réserve qui doit être apportée dans les poursuites judiciaires est ici entièrement applicable. (Loi, articles 18, 19 et 20, et circulaires déjà citées).

Les poursuites peuvent être intentées par la partie civile. Les actions privées se prescrivent comme l'action publique. (Articles 18 et 19).

L'article 463 du Code pénal n'est pas appliqué aux contraventions à la police de la pêche côtière. (Circ. 29 mai 1884, *B. O.*, p. 977).

Les rets, filets, engins et instruments de pêche prohibés sont saisis et le tribunal en ordonne la destruction. (Articles 13 et 14.) Si ces objets sont d'un transport facile, l'agent qui a constaté la contravention pourvoit à leur dépôt dans le lieu de sûreté le plus voisin, tel qu'un poste de douanes, un bureau de syndic ou d'inscription maritime. Si le poids des objets s'y oppose, il prend les mesures nécessaires pour les faire transporter à prix d'argent. Il est indispensable, dans ce dernier cas, que les frais de transport soient soldés aussi promptement que possible. Ainsi, lorsqu'ils transmettent le procès-verbal à l'autorité judiciaire, les commissaires de l'inscription maritime doivent adresser, dûment approuvé par eux, le mémoire concernant ces frais au receveur de l'enregistrement du lieu qui est chargé d'en faire l'avance. (Cir., 13 mars 1876, *B. O.*, p. 407 et 409).

Les objets saisis sont tenus par l'autorité maritime, à la disposition du tribunal chargé des poursuites, afin de pouvoir les représenter aux juges, s'ils en faisaient la demande. Dans le cas, peu probable, d'un acquittement, l'engin est restitué à son propriétaire. En cas de condamnation, les objets devant être détruits, il y a lieu de les diviser, au préalable, en deux catégories, comprenant : la première, les engins prohibés d'une manière *absolue* ; la seconde, ceux qui ne le sont que d'une façon *relative*, c'est-à-dire lorsqu'ils sont employés en dehors des conditions prévues. (Circ., 25 novembre 1859, *B. O.*, p. 453). Les premiers sont détruits par les soins des agents de la marine, à l'exception de certaines parties (chaînes, plombs, fers, traverses en bois, etc.) susceptibles d'être utilisées sans inconvénient et qui sont vendues au profit de la Caisse des invalides ou restitués à leurs propriétaires, s'ils sont reconnus dignes de cette mesure de bienveillance. Les seconds sont vendus au profit de la Caisse des invalides ou restitués à leurs propriétaires par la voie gracieuse. (Circ., 3 juin 1861 et 8 septembre 1876, *B. O.*, p. 396 et 319).

La vente a lieu aux enchères publiques, en présence des percepteurs ou des receveurs des domaines. Elle est faite par les commissaires de l'inscription maritime, qui doivent aussi vendre les objets saisis appartenant à des contrevenants restés inconnus. Ils procèdent, dans ce cas, comme en matière d'épaves. (I. du 20 septembre 1875, articles 407, *B. O.*, de 1876, p. 409. — Circ., 26 décembre 1876, *B. O.*, p. 795, et 6 octobre 1887, *B. O.*, p. 280).

Le poisson et le coquillage saisis pour cause de délit sont vendus sans délai dans la commune la plus voisine, dans les formes prescrites par l'article 42 de la loi du 15 avril 1829 sur la pêche fluviale (*B. O. R.*, p. 692) ; le prix en est confisqué en cas de condamnation. (Article 14 de la loi). D'ailleurs, lorsqu'il y a condamnation, le tribunal doit toujours prononcer la confiscation. (Circ., 16 août 1867. *B. O.*, p. 131).

Une circulaire du 6 octobre 1887 (*B. O.*, p. 280) a établi une distinction entre la confiscation et la saisie simple des poissons et coquillages. La confiscation est toujours la conséquence d'un jugement et ses produits, réalisés par les percepteurs, reviennent à la Caisse des invalides de la marine. La saisie peut, au contraire, être opérée sans action judiciaire (par exemple, lorsque les contrevenants sont restés inconnus). Dans ce cas, le produit de la vente, encaissé par le receveur des domaines, est considéré comme bien vacant et sans maître, restant la propriété de l'État.

Les agents verbalisateurs doivent mesurer effectivement la taille des poissons qui ne leur semblent pas présenter la dimension réglementaire. (Circ., 16 juin 1888. *B. O.*, p. 961).

§ 2. — Pêche du hareng et du maquereau.

Les contraventions à la police de la pêche du hareng et du maquereau rentrent, au point de vue de la police judiciaire, et, sauf les exceptions ci-après, dans le régime général de la pêche côtière.

La contravention spéciale numerotée 1 (Voir le chapitre I précédent) est constatée, dans les ports de France, par les agents de la marine et des douanes ; en mer ou dans les pays étrangers, par les commandants, officiers, officiers-mariniers et marins des bâtiments de l'État, et, à défaut de ceux-ci, par les consuls et agents consulaires de France. (Décret des 28 mars 1852, article 9 ; 7 février 1854 et 24 septembre 1864).

Les procès-verbaux dressés dans les ports où les bateaux font leur retour sont signés et affirmés, suivant la règle ordinaire. Ceux dressés en mer ou dans les ports étrangers, par des officiers-mariniers et marins des bâtiments de l'État, sont affirmés, dans les vingt-quatre heures de leur rentrée à bord, devant le commandant du bâtiment auquel ces officiers-mariniers ou marins appartiennent. Ceux rédigés par les agents consulaires dans les ports étrangers sont visés par le consul de la circonscription. La formalité de l'affirmation n'est pas nécessaire pour les procès-verbaux dressés par les agents de la marine et des douanes ayant rang d'officier, les consuls, commandants et officiers des bâtiments de l'État. (Décret du 28 mars 1852, article 10 et mêmes actes).

La contravention ci-dessus a ceci de particulier (l'intérêt fiscal dominant) qu'elle est déférée au procureur de la République par le receveur des douanes du port de retour du bateau. (Même décret, article 11).

La contravention numérotée 2 est exclusivement constatée par les agents de la marine, et ce sont les commissaires de l'inscription maritime qui la défèrent au ministère public. (Article 12).

Les procès-verbaux ont la même valeur judiciaire qu'en matière de pêche côtière ; ils sont, de plus, visés pour timbre et enregistrés gratis. (Articles 10 et 14).

La vente des cargaisons, bateaux, filets, etc., saisis en contravention, est effectuée par le receveur des domaines ; mais celui-ci doit immédiatement en reverser le produit, déduction faite des frais, à la caisse du percepteur, qui est chargé du recouvrement des amendes. (Article 13 et I. du 20 septembre 1875, article 407).

§ 3. — Pêche entre l'Angleterre et la France.

A l'exception de celles qui se rapportent à tout ce qui tient au matériel de la pêche, lesquelles sont de la compétence exclusive des bâtiments et des agents de leur propre nation, les infractions à la police de la pêche, dans les mers situées entre l'Angleterre et la France, sont appréciées par les commandants des croiseurs des deux pays. Ceux-ci, lorsqu'ils sont convaincus du fait de ces infractions, arrêtent les bateaux contrevenants et les conduisent ou font conduire dans le port le plus rapproché du lieu de l'événement, pour que la contravention y soit constatée, tant par les déclarations contradictoires des parties intéressées que par le témoignage des personnes qui ont vu les faits. (Articles 63, 65 et 89 du règlement général du 23 juin 1843).

Lorsque les contraventions ne sont pas de nature à nécessiter une punition exemplaire, et qu'elles ont, néanmoins, occasionné des dommages à quelque pêcheur, les commandants des bâtiments croiseurs peuvent concilier, à la mer, s'il y a lieu, les parties intéressées, et, sur le refus des délinquants d'obtempérer à leur arbitrage, ils les conduisent, eux et leurs bateaux, dans le port le plus rapproché pour qu'il y soit procédé à leur égard, comme il est dit ci-dessus. (Règlement, article 66).

Tout bateau de pêche qui a été conduit dans un port étranger, conformément aux prescriptions qui précèdent, est envoyé dans son pays pour y être jugé, aussitôt que la transgression pour laquelle il a été arrêté, est constatée. Ce bateau, ni son équipage, ne peut d'ailleurs être retenu dans le port étranger plus de quatre jours. (Article 67).

Lorsqu'un Anglais est arrêté et conduit dans un port français, en exécution des articles 64, 65 et 66 du Règlement général, l'infraction est constatée par le juge de paix du canton, qui procède, conformément aux dispositions de l'article 49 du Code d'instruction criminelle. (Loi, article 13).

Lorsqu'un Anglais est arrêté et conduit dans un port français, conformément à l'article 89 du règlement, pour contravention aux articles 76 et suivants du dit, il est jugé et puni de l'amende que comporte sa contravention. En cas de non-payement, ou pour tenir lieu de cette demande, le tribunal qui le condamne peut ordonner que son bâtiment sera retenu pendant un temps qui ne peut excéder trois mois. (Voir Cir. du 26 novembre 1851, *B. O.*, p. 733). Les formes de procéder, dans ce cas, sont les mêmes qu'à l'égard d'un Français. (Article 14).

Les rapports, procès-verbaux et toutes autres pièces concernant contravention, après avoir été visés par le commissaire de l'inscription maritime ou par le directeur des douanes, suivant le pays où le bateau a été conduit, sont adressés par cet administrateur à l'agent consulaire de sa nation résidant dans le port où le jugement doit avoir lieu. Cet agent consulaire communique les pièces au commissaire de l'inscription maritime, si c'est en France, ou au directeur des douanes, si c'est en Angleterre, et, après s'être concerté avec cet administrateur, il agit, s'il y a lieu, dans l'intérêt de ses nationaux, auprès du tribunal ou des magistrats compétents. (Article 68).

La poursuite ne peut avoir lieu que sur la plainte du commissaire de l'inscription maritime français ou de l'agent consulaire anglais agissant dans l'intérêt de ses nationaux, sans préjudice du droit appartenant à la partie civile de saisir le tribunal par une citation directe. Le procureur de la République saisit directement le tribunal ou transmet la plainte au juge d'instruction. En cas de désistement de la plainte ou de la citation, toute poursuite commencée cesse immédiatement. (Loi, article 2).

Toute action relative soit aux délits prévus par le règlement général, soit aux contestations civiles qui peuvent s'élever entre pêcheurs au sujet de la pêche, est prescrite après le laps de trois mois, à compter du jour où le fait a eu lieu. (Article 11).

§ 4. — Pêche dans la mer du Nord.

Les contraventions à la police de la pêche dans la mer du Nord sont constatées indistinctement par les commandants des bâtiments croiseurs des pays qui ont signé la Convention internationale du 6 mai 1882. Toutefois, les commandants français ont seuls le droit de constater les contraventions qui sont relatives au document justificatif de la nationalité de leurs bateaux, à la marque et au numérotage de ces derniers et de leurs engins de pêche, ainsi qu'à la présence à leur bord des instruments prohibés. (Convention, articles 27 et 28).

Les commandants, ici comme pour la pêche entre l'Angleterre et la France, apprécient la gravité des faits parvenus à leur connaissance et constatent le dommage, quelle qu'en soit la cause, éprouvé par les bateaux de pêche. Ils dressent, s'il y a lieu, procès-verbal de la constatation des faits telle qu'elle résulte, tant des déclarations des parties intéressées, que du témoignage des personnes présentes. Si le cas leur semble assez grave pour justifier cette mesure, ils ont le droit de conduire le bateau en contravention dans un port de la nation du pêcheur. Ils peuvent même prendre à leur bord une partie des hommes de l'équipage pour les remettre entre les mains des autorités de la nation du bateau. (Article 30).

Les procès-verbaux sont rédigés dans la langue du commandant du bâtiment croiseur et suivant les formes en usage dans son pays. Les inculpés et les témoins ont le droit d'y ajouter ou d'y faire ajouter, dans leur propre langue, toute mention ou témoignage qu'ils croient utile. Ces déclarations doivent être dûment signées. (Article 31).

Lorsque le fait imputé n'est pas de nature grave, mais que, néanmoins, il a occasionné des dommages à un pêcheur quelconque, les commandants des bâtiments croiseurs peuvent encore, comme pour la police de la pêche entre l'Angleterre et la France, concilier les intéressés et fixer l'indemnité à payer s'il y a consentement des parties en cause. Dans ce cas, lorsque l'une des parties n'est pas en mesure de s'acquitter immédiatement, les commandants font signer, en double, par les intéressés, un acte réglant l'indemnité à payer. Un exemplaire de cette pièce reste à bord du croiseur, l'autre est remis au patron en crédit, afin qu'il puisse, au besoin, s'en servir devant les tribunaux du débiteur. Si, au contraire, il n'y a pas consentement des parties, les commandants apprécient et, s'il y a lieu, verbalisent. (Article 33).

Les poursuites ont lieu à la diligence du ministère public, sans préjudice du droit de la partie civile. Tout ce que nous avons dit, à la partie Police de la navigation, relativement aux poursuites par les commissaires de l'inscription maritime et, sous la rubrique Pêche côtière, en ce qui concerne la recherche et la saisie des instruments ou engins prohibés, s'applique également à la pêche dans la mer du Nord. (Loi du 15 janvier 1884, articles 2, 10 et 11).

§ 5. — Pêche de la morue à Terre-Neuve.

Les contraventions à la police de la pêche de la morue à l'île de Terre-Neuve sont constatées, dans tous les havres et dans toutes les baies communes de l'île, par le capitaine ou le maître au cabotage le plus âgé, qui remplit les fonctions de prud'homme. (Décret du 2 mars 1852, articles 16 et 17).

Le capitaine-prud'homme signe les procès-verbaux, les fait signer par les officiers et le maître d'équipage, et, à son retour, les remet au commissaire de l'inscription maritime dans le port d'où il est parti. (*Idem*).

Les poursuites ont lieu à la diligence des commissaires de l'inscription maritime. (Article 45).

Le produit des amendes est versé dans la Caisse des invalides. (Article 46).

§ 6. — Pêche dans la Bidassoa.

Les contraventions à la police de la pêche dans la Bidassoa sont constatées par les commandants des forces maritimes de chaque État ou par leurs délégués, ou par les maîtres patrons des annexes des stationnaires, ainsi que par des gardes-pêche assermentés nommés et salariés par les municipalités riveraines. Ces autorités sont également autorisées à saisir les filets et autres instruments de pêche prohibés, ainsi que le poisson pêché en contravention. (Convention du 18 février 1886, articles 15 et 16).

Les autorités subalternes transmettent les procès-verbaux dressés par elles, aux commandants dont elles relèvent, lesquels, après les avoir visés, doivent, sans délai, les envoyer avec leur avis au tribunal compétent. (Articles 15 et 27).

Les contraventions sont prouvées soit par témoins, soit à l'aide des procès-verbaux. (Article 16.) Les procès-verbaux des agents ne font foi que jusqu'à preuve du contraire. (Article 29).

Sans préjudice des droits appartenant au ministère public, la poursuite résultant de dommages ou de pertes éprouvées par des pêcheurs du fait d'autres pêcheurs se fait à la diligence des maires ou alcades, ou sur la plainte de la partie civile. (Article 30).

L'action publique et l'action civile se prescrivent après soixante jours révolus, à compter du jour où le fait a eu lieu. (Article 31).

Le poisson saisi en contravention est immédiatement distribué aux pauvres de la commune riveraine dans laquelle la saisie a été opérée. (Article 21).

§ 7. — Pêche du corail en Algérie.

Les contraventions à la pêche du corail en Algérie sont recherchées, constatées et poursuivies dans les mêmes formes et conditions que pour la pêche côtière. (Décret du 22 novembre 1883, articles 8 et 11).

§ 8. — Pêche faite par les étrangers dans nos eaux territoriales.

Les contraventions que commettent les pêcheurs étrangers dans nos eaux territoriales sont recherchées, constatées et poursuivies dans les mêmes formes et conditions que pour la pêche côtière. (Loi du 1er mars 1888, *B. O.*, p. 230).

Les officiers et officiers-mariniers commandant les bâtiments de l'État ou les embarcations garde-pêches, et tous les officiers et agents commis à la police des pêches maritimes qui constatent les contraventions, en dressent procès-verbal et conduisent ou font conduire le contrevenant et le bateau dans le port français le plus rapproché. Ils remettent leurs rapports, procès-verbaux et toutes pièces constatant les infractions, à l'officier du commissariat chargé de l'inscription maritime (Article 4 de la loi).

Les procès-verbaux doivent être, sous peine de nullité, enregistrés dans les quatre jours qui suivent celui de l'affirmation ou celui de leur clôture, lorsqu'ils ne sont pas soumis à l'affirmation. L'enregistrement est fait en débet. (Article 5).

L'officier ou l'agent qui a conduit ou fait conduire le bateau dans un port français, le consigne entre les mains du service de l'inscription maritime, qui saisit les engins de pêche et les produits de la pêche trouvés à bord, quel qu'en soit le propriétaire. Les produits de la pêche sont vendus, sans délai, dans le port où le bateau a été conduit, et dans les formes prescrites par l'article 42 de la loi du 15 avril 1829. Le prix en est consigné à la caisse des Gens de mer jusqu'à l'issue du jugement.

Indépendamment de l'amende prévue pour la contravention, le tribunal ordonne la destruction des engins prohibés et, s'il y a lieu, la confiscation des engins non prohibés, des produits de la pêche saisis sur le bateau ou de leur prix. Les engins non prohibés sont vendus. Le produit de cette vente, ainsi que de celle des produits de la pêche, et le montant des amendes, sont intégralement versés dans la caisse des Invalides. (Article 6).

III

JURIDICTION COMPÉTENTE

Après les tribunaux d'amirauté, ce sont les tribunaux correctionnels qui, ainsi que nous l'avons dit à la partie *Police de la navigation*, ont hérité de la connaissance des infractions à la police des pêches maritimes. Toutefois, dans les ports de la Méditerranée, et en ce qui concerne la pêche côtière, les contestations entre pêcheurs et les contraventions aux règlements ont été jugées, jusqu'en 1852, par des prud'hommes. Ceux-ci ont, d'ailleurs, conservé, dans l'étendue de leur juridiction, la connaissance exclusive et sans appel, révision ou cassation, de tous les différends entre pêcheurs survenus à l'occasion de faits de pêche. (Décret du 19 novembre 1859, article 17 et 47).

Les contraventions à la police de la pêche côtière (pêche du hareng et du maquereau, et pêche du corail en Algérie comprises), sont portées devant le tribunal correctionnel du lieu où elles ont été constatées. (Loi du 9 janvier 1852, article 18, C. 19 janvier 1855, B. O., p. 53 ; décret du 28 mars 1852, article 11 et 12 ; décret du 22 novembre 1883, article 11).

Si le délit a été commis en mer, le tribunal compétent est celui du port auquel appartient le bateau. (Même loi, article 18).

Les citations, actes de procédure et jugements sont dispensés du timbre et enregistrés gratis. (Article 21). Les citations et significations sont faites et remises sans frais par les syndics des gens de mer, les gardes-jurés, les gardes-maritimes et les gendarmes de la marine. (Article 21 et C. 29 octobre 1852, B. O., p. 389).

Les jugements sont signifiés par simple extrait, contenant le nom des parties et le dispositif du jugement. Cette signification fait courir les délais d'opposition, d'appel et de pourvoi en cassation. (Article 21).

En cas de recours en cassation, l'amende à consigner est réduite

à moitié du taux fixé par l'article 419 du Code d'instruction criminelle. (Article 22).

Les contraventions à la police de la pêche entre l'Angleterre et la
France sont jugées par le tribunal correctionnel de l'arrondissement
où est situé le port auquel appartient le bateau du délinquant. (Loi
du 23 juin 1846, article 1er.) Ce tribunal connaît en même temps de
toute demande en dommages-intérêts à laquelle le délit peut donner
lieu. (Article 9).

Tous les actes de la procédure sont sur papier libre. Les assigna-
tions et significations sont remises sans frais par les soins du commissaire de l'inscription maritime. La signification des jugements
est opérée comme en matière de pêche côtière, et elle fait également
courir les délais de l'opposition et de l'appel. (Article 3).

Les contraventions à la police de la pêche dans la mer du Nord
sont jugées par le tribunal correctionnel, soit de l'arrondissement
où est situé le port d'attache auquel appartient le bateau du délinquant, soit de l'arrondissement du premier port de France dans
lequel est conduit le bateau. (Loi du 15 janvier 1884, article 1er).

Les citations, actes de procédure et jugements sont, ici encore,
dispensés du timbre et enregistrés gratis. Les citations et significations sont faites et remises, sans frais, soit par les soins des agents
diplomatiques ou consulaires, soit des commissaires de l'inscription
maritime ou de leurs subordonnés. Les jugements sont signifiés
comme ci-dessus et ont les mêmes conséquences, au point de vue
des appels et pourvois, que ceux de la pêche côtière. (Articles 5
et 6).

Le jugement doit indiquer, conformément aux dispositions de la
loi du 22 juillet 1867, la durée pendant laquelle la contrainte par
corps peut être exercée pour le recouvrement des contraventions.
(Article 14).

Comme pour la pêche entre l'Angleterre et la France, le tribunal
saisi de la connaissance du délit connaît en même temps de toute
demande en dommages-intérêts à laquelle le délit peut donner lieu.
(Article 18).

Les contraventions à la police de la pêche de la morue à l'île de Terre-Neuve sont portées devant les tribunaux correctionnels des ports où abordent les capitaines-prud'hommes, à la diligence des commissaires de l'inscription maritime de ces ports. (Décret du 2 mars 1852, articles 17 et 45).

Les capitaines-prud'hommes, lorsqu'ils ne sont pas intéressés dans l'affaire, terminent, comme prud'hommes arbitres et sans frais, toutes les contestations qui peuvent s'élever entre les capitaines. (Articles 17 et 18.) Ils jugent aussi, sommairement et sans appel, les demandes en indemnité pour les faits prévus par les articles 38 et 39 du décret. Lorsqu'ils sont intéressés dans les questions ou absents, les capitaines les plus âgés après eux les remplacent ou ceux des havres les plus voisins. (Articles 44 et 18).

Le chef du service de la marine, à Saint-Servan, a une juridiction particulière sur les armateurs des navires expédiés à Terre-Neuve. Il a le droit de leur infliger des amendes, lorsque, dans l'année du tirage général des places, et, à moins qu'ils n'y soient contraints autrement par force majeure, ils n'expédient pas les navires dont l'armement annoncé par eux a déterminé, à leur endroit, une concession de place par la voie du sort. Ces armateurs perdent en même temps leurs droits à la jouissance de leur place. (Décret du 2 mars 1852, article 13).

Les amendes sont de 4,000 francs, pour les navires jaugeant 158 tonneaux ; 3,000 francs, pour ceux de 100 à 158 tonneaux ; 2,000 francs, pour ceux de 100 tonneaux ; et 1,000 francs pour les *banquiers* admis au tirage spécial qui, dans l'année de ce tirage, n'expédient pas, ou, qui ayant expédié, se sont abstenus de faire occuper à la côte la place de sécherie dont ils ont été déclarés concessionnaires. (Même article).

Les parties ont le droit d'appeler de la décision du chef du service. Dans ce cas, l'affaire est soumise à l'examen de trois arbitres désignés par les armateurs réunis en assemblée générale. Si la décision de ces derniers n'est pas conforme à celle du chef du service, le ministre statue définitivement. (*Idem*).

Les contraventions à la police de la pêche dans la Bidassoa sont portées, en ce qui nous concerne, devant le tribunal de première instance de Bayonne. (Convention du 18 février 1886, article 26). Ce tribunal ordonne, lorsqu'il y a lieu, en sus de la peine infligée pour fait de contravention, le payement de dommages-intérêts en faveur de qui de droit, et il en détermine le montant. (Article 19).

Les contraventions que commettent les pêcheurs étrangers dans nos eaux territoriales sont portées devant le tribunal dans le ressort duquel est situé le port où les contrevenants ont été conduits. Le tribunal statue dans le plus bref délai possible. (Loi du 1er mars 1888, article 8).

Si le condamné n'acquitte pas l'amende et les frais, le bateau est retenu jusqu'à entier payement ou pendant un laps de temps qui ne peut dépasser trois mois pour la première contravention et six mois en cas de récidive.

Si le condamné interjette appel ou fait opposition, il peut se pourvoir devant le tribunal pour obtenir la libre sortie du bateau, en consignant le montant de la condamnation et de tous les frais. (Article 10).

Aux termes de l'article 12 du décret du 22 novembre 1883 sur la pêche du corail en Algérie, les commissaires de l'inscription maritime ont le pouvoir de punir disciplinairement, en vertu de l'article 58 du décret-loi du 24 mars 1852, les infractions à la pêche du corail qui, en raison de leur peu d'importance, ne leur paraissent pas devoir être déférées au ministère public. Ce pouvoir leur a été, aussi, conféré, en matière de pêche côtière, par la circulaire du 19 septembre 1856. (*B. O.*, p. 875.) Toutefois, cette juridiction particulière ayant donné lieu à quelques abus, une autre circulaire du 26 mars 1864 (*B. O.*, p. 222) leur a recommandé de ne s'en servir qu'avec une extrême réserve. Diverses dépêches manuscrites les ont même invités à rendre compte, chaque fois, aux préfets maritimes ou chefs du service de la marine, des circonstances exceptionnelles qui les détermineraient à en faire usage.

Les commissaires de l'inscription maritime doivent, également, rendre compte à leurs supérieurs des poursuites dirigées en matière de police de la pêche, et, aussi, en matière de police de la navigation. (Circ., 18 janvier 1853, *B. O.*, p. 49.) Les parquets, lorsqu'ils en font la demande, sont tenus de leur fournir, à cet effet, une expédition des arrêts et jugements rendus par les tribunaux. (Cir., 30 novembre 1883, *B. O.*, p. 799).

Dans le chapitre III de cette étude, se rapportant à la police de la navigation, nous avons fait remarquer que la juridiction des tribunaux maritimes commerciaux serait plus avantageuse pour l'État comme pour les particuliers, si elle était appliquée aux infractions à cette police. Nous pouvons en dire autant pour les contraventions aux pêches maritimes.

Il y a certainement des inconvénients à déférer aux tribunaux correctionnels, situés, parfois, à une assez grande distance du littoral, toutes les infractions commises en matière de pêche et, surtout, de pêche côtière. D'une part, on peut craindre de surcharger d'affaires sans gravité certains parquets déjà fort encombrés ; d'autre part, on ne saurait se dissimuler que l'obligation pour les pêcheurs de se rendre au siège du tribunal correctionnel dont ils ressortissent, leur occasionne des frais de déplacement et des pertes de temps, qui aggravent singulièrement les pénalités prévues par la loi.

Pour bien juger les infractions aux pêches maritimes, il faut vivre sur les côtes, se mêler à la vie des pêcheurs, connaître leurs mœurs et leurs habitudes. Ces infractions ont, en outre, besoin d'être punies rapidement, et, en quelque sorte, sur place, sous peine d'amoindrir la répression légale et de compromettre l'autorité des agents de la marine.

Pour ces motifs, nous estimons que la législation relative aux infractions à la police des pêches maritimes devrait être modifiée et refondue. Nous voudrions, notamment, qu'il fût fait une parfaite distinction entre le délit et la simple contravention ou infraction. Selon nous, les délits de pêche commis dans les mers situées entre l'Angleterre et la France, aussi bien que ceux qui sont constatés dans la mer du Nord et à Terre-Neuve, devraient être de la compétence des tribunaux maritimes commerciaux. Les délits de la pêche côtière pourraient être jugés par les tribunaux de paix, comme en matière de douanes. Enfin, nous serions d'avis de fortifier entre les mains des commissaires de l'inscription maritime le pouvoir disciplinaire qui leur a été conféré, d'après l'article 58 du décret-loi du 24 mars 1852, pour réprimer les infractions sans gravité.

La commission qui fut chargée, en 1850, d'examiner le projet de loi sur la pêche côtière, s'était posé la question de savoir s'il ne serait pas à propos de faire juger toutes les contraventions aux règlements sur la petite pêche, mi-partie par les tribunaux correctionnels et mi-partie par les juges de paix. Cette idée ne fut pas mise à exécution, l'intervention des juges de paix dans les questions de pêche ayant paru constituer une innovation susceptible d'être défavorablement accueillie par les populations maritimes, et la quotité des amendes prévues par la loi dépassant de beaucoup, pour la plupart des cas, les peines de simple police.

Eh bien ! nous trouvons que cette pensée des membres de la commission de 1850 devrait être reprise et examinée de près. Cette étude s'impose, aujourd'hui surtout que les questions de pêche préoccupent de nouveau l'administration, et que le sort des classes pauvres et laborieuses est plus que jamais l'objectif du Gouvernement.

Nous ne croyons pas que l'intervention des juges de paix dans les questions de pêche maritime soit, de nos jours, mal accueillie par les populations de notre littoral. Le contraire aurait plutôt lieu, bien certainement. Les tribunaux de paix pourraient donc connaître des infractions à la police de la pêche côtière, comme ils connaissent, actuellement, des contraventions aux lois de douanes. (Lois des 14 fructidor an III, article 10, et 24 avril 1848, article 35).

Il est vrai que, dans cet ordre d'idées, il faudrait considérer l'administration de la marine comme étant *partie civile*. Or, il n'en est pas ainsi, aux termes d'un arrêt de la Cour de cassation du 4 août 1861. (*B. O.*, p. 103).

Aussi, sous peine d'être accusé de vouloir reconstituer les anciens tribunaux d'amirauté, nous persistons à croire que les infractions à la police des pêches maritimes devraient être jugées, les délits, par les tribunaux maritimes commerciaux, et les contraventions sans gravité par les commissaires de l'inscription maritime. La composition des tribunaux maritimes commerciaux serait modifiée, dans ce cas, par la substitution d'un prud'homme ou patron pêcheur au maître d'équipage ou marin qui en fait partie actuellement.

LA NAVIGATION FICTIVE

I

On entend par *navigation fictive*, le fait, de la part des inscrits maritimes, de figurer sur des rôles d'équipage de bâtiments du commerce, sans exercer, effectivement et à titre professionnel, le genre de navigation spécifié aux dits rôles.

Ce n'est autre chose qu'une manœuvre frauduleuse, dont les conséquences ont pour effet de conférer à ceux qui la pratiquent, des droits à la pension que la Caisse des invalides sert aux gens de mer, après 25 ans de navigation.

Nous avons pensé qu'il n'était pas sans intérêt d'examiner cette question grave et délicate, d'exposer sa réglementation, de rechercher s'il n'existerait pas un moyen, à la fois facile et pratique, de la résoudre.

Depuis que l'établissement des Invalides, fondé par Louis XIV (1), a admis la navigation commerciale parmi les services donnant droit

(1) Ordonnance de 1689.

à la demi-solde (1), des recommandations ont été adressées aux commissaires de l'inscription maritime pour réprimer l'abus des embarquements fictifs. Elles se sont multipliées, lorsque le temps passé à la pêche côtière, tenu jusqu'en 1823 en dehors de la réglementation de cette pension, a été accepté, pour une partie de sa durée, dans les 25 ans exigés par la loi du 15 germinal an III, pour en obtenir la concession (2). Elles sont devenues plus pressantes quand a paru le décret du 10 avril 1884, qui, à ce point de vue, a placé l'embarquement à la petite pêche sur le même pied que toutes les autres navigations maritimes.

Avant le 18 avril 1884 (3), la navigation à la petite pêche ou pêche du poisson frais n'était comprise dans le règlement de la demisolde, que pour les marins réunissant six ans de services à l'État (4). Dans le cas contraire, elle n'était comptée que pour les trois quarts de sa durée (5). Le décret du 10 avril 1884 a voulu faire cesser une exception cruelle pour des inscrits, qui donnent souvent à la flotte des marins plus précieux que ceux des bâtiments à vapeur; mais il a, en même temps, encouragé la navigation fictive et augmenté, en ce qui la concerne, les difficultés, déjà très grandes, de la police administrative.

C'est que la navigation courte, intermittente et toujours irrégulière des côtes, se prête plus que toute autre à la fraude des embarquements. Sur les bâtiments du long cours et du cabotage, il est rare que la navigation fictive puisse s'effectuer à l'insu de l'administration. Elle est, au contraire, facile au bornage et surtout à la

____

(1) Édit de mai 1709 ; loi du 13 mai 1791 ; message du Directoire au Conseil des Cinq-Cents, du 30 germinal an IV.

(2) Ordonnances des 17 septembre 1823 et 29 juin 1828.

(3) Voir *B. O.* de 1884, 1er semestre, page 1104.

(4) Ordonnance du 9 octobre 1837.

(5) Ordonnance du 29 juin 1828.

petite pêche, où l'on voit des embarcations du plus petit tonnage séjourner, des saisons entières, le long des quais et sur les rivages.

La création des gardes-maritimes (1), en rendant la police maritime permanente sur les côtes, a porté un coup terrible à la navigation fictive. Elle ne l'a cependant point fait disparaître. Dans les ports importants, là où les petites barques sont comme perdues dans le grand mouvement des navires à voiles et des bâtiments à vapeur, les embarquements irréguliers peuvent encore se produire et échapper aux agents de surveillance.

Les commissaires de l'inscription maritime sont, en principe, responsables des embarquements de leurs quartiers. Cette responsabilité a été même sanctionnée d'une manière sensible. En 1852, à la suite d'une enquête administrative effectuée à Paimpol et dans laquelle il fut constaté que des capitaines au long cours et des maîtres au cabotage avaient été fictivement embarqués sur des bateaux armés en pêche, un décret du 17 mars plaça en retrait d'emploi un commissaire-adjoint et révoqua deux commis de marine et trois syndics. Une semblable mesure fut prise, le 29 avril 1861, contre un syndic de Marseille, parce qu'il avait favorisé l'embarquement fictif d'un marin, dans le but de lui faire compléter le temps de navigation exigé pour être admis aux examens des capitaines du commerce.

Enfin, par décision du 31 mai 1888 (*B. O.,* p. 929), le ministre a prononcé la révocation d'un autre syndic reconnu coupable d'avoir favorisé des faits de navigation fictive au profit de son fils, inscrit provisoire, et d'un autre mousse.

Cette responsabilité des commissaires peut paraître rigoureuse ; elle est pourtant l'unique garantie de l'administration. Elle implique pour les chefs de quartier l'obligation de surveiller étroitement leurs agents directs, les syndics et les gardes-maritimes.

Les gardes maritimes, instruments permanents de la police de la

______
(1) En 1845.

navigation, constamment en tournées le long des côtes, familiarisés de longue date avec le personnel naviguant de leur station, sont, à ce point de vue, des auxiliaires précieux et presque indispensables. C'est dans ce but que la marine veille avec autant de soin sur leur recrutement. La moindre hésitation, la plus petite défaillance dans l'accomplissement de leur devoir rendrait, en effet, illusoires toutes les recommandations, toutes les sûretés de la police administrative.

II

La réglementation de la navigation fictive se trouve dans trois circulaires ministérielles, qui figurent au *Bulletin officiel de la Marine*.

La première date du 26 mars 1852. Elle a été, pendant longtemps, le guide des commissaires en cette matière. Nous la reproduisons pour l'intelligence de cette étude :

« Messieurs, vous avez vu, par une insertion faite au dernier numéro du *Bulletin officiel de la Marine* (1), qu'à la suite d'une enquête administrative effectuée dans le quartier de Paimpol, et qui a constaté que des capitaines au long cours et des maîtres au cabotage avaient été fictivement embarqués à bord de bateaux armés pour la pêche, de sévères mesures disciplinaires ont été prises à l'égard d'un officier supérieur du commissariat, de deux employés et de trois syndics des gens de mer.

« Ces dispositions indiquent suffisamment ma ferme volonté de détruire les abus de cette nature, qui constituent une violation des dispositions législatives et réglementaires en matière d'inscription maritime et de la police de la navigation, en même temps qu'ils

(1) *B. O.* de 1852, 1er semestre, pages 277 et 278.

portent un préjudice grave à l'établissement des Invalides de la marine, exposé à constituer des pensions dites demi-soldes pour des services autres que des services réels.

« Je sais, du reste, qu'il n'est pas sans quelque difficulté de réprimer les fraudes dont il s'agit. On ne saurait, en effet, repousser de prime abord la demande d'un rôle, formée par des marins, quel que soit leur grade, qui déclarent vouloir armer une embarcation à destination de la navigation ou de la pêche, s'ils remplissent les conditions exigées pour en prendre le commandement, et l'on ne peut davantage refuser de comprendre dans les équipages tels ou tels individus, par cela seul que leur titre ou leur position contraste avec l'emploi qu'ils doivent occuper à bord.

« Mais, du moment où quelque circonstance aura pu révéler aux administrateurs de la marine qu'un armement n'a été opéré ou qu'un embarquement n'aura été demandé que pour constituer fictivement des services à tels ou tels marins, la surveillance la plus active devra être exercée sur l'armement, afin de constater si tous ceux qui composent l'équipage se trouvent réellement à bord lors des sorties de l'embarcation. Il est superflu d'ajouter que des procès-verbaux seraient dressés pour les contraventions consistant en débarquements opérés sans l'intervention de l'autorité maritime, à l'effet d'assurer, s'il y avait lieu, l'application de la pénalité édictée par le décret du 19 mars 1852.

« Il faut aussi prévoir le cas où des navigateurs, après avoir obtenu un rôle, soit pour la navigation, soit pour la pêche, ne se livrent pas ou ne se livrent que *très accidentellement* à l'exercice de l'industrie en vue de laquelle ils ont déclaré vouloir armer une embarcation. Lorsqu'un administrateur de l'inscription maritime se trouve en présence de pareils faits, il ne doit pas hésiter à retirer et à annuler le rôle, afin de couper court à l'abus ; car il y a évidemment abus à ne prendre un rôle que pour acquérir fictivement de la navigation dans le but de s'ouvrir des droits à une pension que la loi a entendu réserver aux marins qui se livrent réellement à l'exercice de leur profession.

« Telles sont, Messieurs, les instructions que j'ai cru devoir vous adresser, pour détruire une fraude avec laquelle il est impossible de pactiser. Je vous recommande de vous bien pénétrer de leur esprit, et de les appliquer avec le discernement et la fermeté nécessaires ».

Ces instructions, jugées excellentes à cette époque, ont été quelque peu modifiées par la suite.

En donnant aux commissaires le droit de retirer et d'annuler les rôles d'équipage reconnus comme fictifs, le ministre leur avait conféré un pouvoir discrétionnaire considérable, qui avait, en outre, l'inconvénient grave d'attirer sur eux des reproches d'arbitraire et de les faire entrer en discussion continuelle avec leurs administrés. Cette attribution leur fut retirée par une décision (1) du 6 juillet 1880, qui décida que le droit d'annulation appartiendrait désormais au ministre seul.

Une circulaire ministérielle, du 7 juin 1886, est allée plus loin dans cette voie. Elle a ordonné d'avertir, à l'avenir, les marins soupçonnés de navigation fictive de la mesure d'annulation qui peut frapper leur embarquement. Les avis, donnés en temps utile, doivent être apostillés sur les rôles.

On comprend que la mesure consistant à annuler un temps de navigation, qui a toujours des conséquences sur le droit à la demi-solde, ne pouvait être prise, en raison de sa gravité, qu'en parfaite connaissance de cause. L'administration supérieure a pensé qu'elle devait faire l'objet d'une enquête dont tous les éléments lui seraient communiqués. Aujourd'hui, lorsque les rôles, à l'époque réglementaire de leur désarmement, lui sont transmis avec les propositions d'annulation, le ministre est pleinement éclairé sur la légitimité de la décision qu'il doit prendre.

Les instructions contenues dans la circulaire du 26 mars 1852, complétées par celles que nous venons de citer, n'ont pas résolu la

(1) Manuscrite.

question de la navigation fictive. Elles n'ont pas, non plus, diminué les difficultés que cette manœuvre crée toujours aux commissaires. Ces difficultés ont, au contraire, augmenté, car elles se produisent, maintenant, à chaque nouvelle apostille sur les rôles.

C'est que la navigation, lorsqu'elle n'est pas absolument nulle, est difficile à saisir. Où commence, en effet, l'embarquement fictif ? Où finit-il ? Autant de cas embarrassants pour les agents de la marine.

Une circulaire, du 9 février 1883, particulière à la navigation de plaisance, laquelle ne donne aucun droit à pension, a essayé de fixer les points délicats, d'indiquer une base générale d'appréciation. Nous ne pouvons mieux faire, pour en donner une idée, que de reproduire les parties de cette circulaire qui se rapportent à cette question :

« Messieurs, en vertu d'anciennes circulaires, confirmées par les décrets des 25 octobre 1863, et 9 décembre 1873, les yachts et bateaux de plaisance doivent recevoir, au lieu de rôle d'équipage, un simple permis de navigation. Cependant, dans l'intérêt des inscrits qui louent leurs services pour les manœuvrer, une circulaire du 30 juin 1863 a décidé qu'un rôle pourrait leur être délivré, afin de permettre à ces inscrits de faire compter pour la demi-solde la durée de leur embarquement.

« Cette faculté, accordée sans restriction et par suite étendue sans mesure, donne lieu à des abus sur lesquels mon attention a été appelée. Un des plus fréquents consiste en ceci : d'anciens marins, qui ont abandonné la navigation, qui souvent même ont pris à terre un emploi sédentaire, arment un petit canot, réclament un rôle, sortent de temps en temps pour faire une promenade en mer ou une partie de pêche, et, parce qu'ils ont payé la taxe des Invalides, prétendent acquérir ainsi des droits à la pension.

« Une pareille prétention est contraire à la loi, qui confère le bénéfice de la pension à la navigation professionnelle, à l'exercice sérieux et continu du métier de marin, et non à une navigation de pur agrément, doublement fictive et par son objet et par son irrégularité. Mais l'administration se trouve, à cet égard, dans une situation embarrassante ; par la délivrance du rôle, elle semble avoir sanctionné ces agissements, d'autant plus que, pour mieux les colorer, les intéressés ont souvent déclaré l'intention de mêler des opérations de bornage ou de pêche à leur navigation de plaisance ; ils créent ainsi, entre deux ordres de faits très différents, une confusion qui leur permet de déjouer plus facilement la surveillance des autorités maritimes ; il devient presque toujours impossible de prouver l'abus avec assez de certitude pour que le ministre puisse le réprimer par l'annulation du rôle.

« Comme remède à cette fâcheuse situation, on m'a proposé de rapporter la circulaire du 30 juin 1863.

. . . .

« Je ne me dissimule pas que ces mesures ne suffiront pas pour faire entièrement disparaître la navigation fictive. A défaut de rôles de plaisance, quelques-uns prendront peut-être des rôles de bornage ou de pêche, sous prétexte de pratiquer effectivement ces genres de navigation ; mais au moins la netteté des situations rendra-t-elle désormais plus facile la constatation des fraudes. Les borneurs devront, en effet, opérer des transports à fret, les pêcheurs effectuer des sorties, avec la même suite et la même régularité que les autres bateaux de même espèce appartenant au même port. Les armements, dont la sincérité paraîtrait suspecte, seront surveillés avec un soin particulier ; on tiendra note de leurs mouvements, et quand leur caractère fictif sera établi, il m'en sera rendu compte, conformément aux prescriptions de la circulaire manuscrite du 6 juillet 1880, afin que je prononce l'annulation des rôles indûment obtenus. »

Cette circulaire est, avec les précédentes, le Code actuel des commissaires en matière de navigation fictive.

III

La réglementation de la navigation fictive, que nous venons de passer en revue, suffit-elle pour couvrir la responsabilité des commissaires, pour faciliter leur tâche et aplanir les difficultés qu'ils rencontrent dans l'exercice de leur attribution ? Nous ne le pensons pas.

Sans doute, la question des embarquements fictifs est épineuse et peut difficilement être résolue. Nous croyons, toutefois, qu'il serait possible de faire disparaître ces derniers dans une grande proportion. Il suffirait d'user, pour cela, d'un moyen qui nous a toujours paru très simple, et qui consisterait à ne délivrer le rôle de bornage, et surtout de petite pêche, qu'à des bateaux ayant un tonnage déterminé.

Aussi bien, cette obligation n'est pas nouvelle. En ce qui concerne la petite pêche, elle est implicitement contenue dans les ordonnances des 17 septembre 1823 et 29 juin 1828, qui n'admettent cette navigation, dans le règlement de la demi-solde, que lorsqu'elle s'est effectuée sur les bâtiments ou bateaux *ayant mâts, voiles et gouvernail*. Une dépêche manuscrite du 30 mars 1865, paraît également l'avoir visée en prescrivant de ne pas refuser le rôle, lorsque le bateau auquel il est destiné est *en état de tenir la mer*.

Nous devons, cependant, reconnaître que ces dispositions ne sont pas appliquées partout avec la même rigueur.

Nous sommes convaincu que l'obligation d'un tonnage déterminé (2 tonneaux minimum, par exemple) pour les bateaux qui naviguent au bornage et à la petite pêche, les seuls qui se prêtent sérieusement à la navigation fictive, diminuerait le nombre des embarquements de cette nature.

On objectera, peut-être, qu'une semblable mesure aurait l'inconvénient de mettre beaucoup de marins en dehors de l'inscription maritime. Tel n'est pas notre sentiment. A l'exception des demi-soldiers, qui continuent la navigation et pour lesquels il pourrait être fait une exception, les inscrits qui arment des bateaux de moins de 2 tonneaux sont peu nombreux. D'ailleurs, les services faits dans ces conditions n'ont aucune importance, et l'État n'a pas intérêt à les favoriser. Déjà, le service des douanes dispense ces bateaux de l'acte de francisation ; ils sont aussi exemptés du payement des droits de navigation.

Avec l'obligation du tonnage pour les embarcations armées en pêche, les capitaines au long cours et les maîtres au cabotage, dont il est question dans la circulaire ministérielle du 26 mars 1852, n'auraient pu que très difficilement accomplir leur fraude. De même, les petits canots, dont parle le ministre dans sa dépêche du 9 février 1883, verraient leurs manœuvres déjouées. Ce ne sont, en effet, que les barques de moins de 2 tonneaux, aussi nombreuses que difficiles à surveiller, qui favorisent la navigation fictive.

La mesure que nous indiquons offrirait divers avantages : elle fixerait définitivement le genre de navigation donnant droit à la demi-solde ; elle faciliterait la tâche des commissaires de l'inscription maritime ; elle encouragerait la construction des bateaux de pêche ; elle favoriserait, enfin, les véritables navigateurs et les pêcheurs de profession, ceux qui sortent journellement des ports, des rades et vont au large avec des bateaux d'un tonnage généralement supérieur.

Ces inscrits sont les vrais marins auxquels la Caisse des Invalides a entendu servir des pensions, et non ces borneurs qui circulent dans nos ports, ces pêcheurs à la ligne qui ne quittent jamais les quais, ces navigateurs de fantaisie qui ne se font délivrer un rôle que pour acquérir cette demi-solde, dont le chiffre se traduit, à chaque nouvelle concession, par une dépense minimum de 300 à 800 francs par an.

<table>
<tr><td>

ARRONDISSEMENT

d

—

SOUS-ARRONDISSEMENT

d

</td><td>

Modèle **A**

MARINE ET COLONIES

————

</td><td>

QUARTIER

d

—

SYNDICAT

d

</td></tr>
</table>

PROCÈS-VERBAL *de contravention à la loi du 19 mars 1852 sur le rôle d'équipage et les indications des navires du commerce, et à la loi du 20 mars 1852 sur la navigation au bornage.*

————

(1) Indiquer les jour, mois, an et heure.

AUJOURD'HUI (1)

(2) Nom, prénoms et qualité du rédacteur du procès-verbal.

nous soussigné (2)

(3) Indiquer le lieu où la contravention a été constatée.

étant (3)

(4) Nature des infractions. Mentionner exactement le nom du bateau et son port d'armement.

avons constaté ce qui suit (4) :

(5) Mentionner exactement les noms, prénoms, âges, qualités et demeures des contrevenants, et, s'il y a lieu, consigner les mêmes indications en ce qui concerne les armateurs.

(5)

En foi de quoi nous avons dressé le présent procès-verbal pour servir à la répression de (1)   contravention sus-énoncée .

Fait a   , les jour, mois et an que dessus.

(2)

Le (3)   déclare que le nommé (4)   a affirmé, en sa présence, sincère et véritable, le contenu du présent procès-verbal.

Fait à (5)   , le   188 .

(6)

L'Agent verbalisateur (7)

Vu par le Commissaire de l'inscription maritime du quartier d   et transmis à M. le Procureur de la République près le tribunal d   pour les poursuites à exercer contre le nommé (8)

par application des articles de la loi du   mars 1852

(9)

---

(1) De la *ou* des.

(2) Signature du rédacteur du procès-verbal.

(3) Juge de paix du canton d

Suppléant du juge de paix du canton d

Maire de la commune d

Ou Adjoint au maire de la commune d

(4) Nom et qualité du signataire du procès-verbal.

(5) Lieu et date de l'affirmation.

(6) Signature du fonctionnaire qui reçoit l'affirmation.

(7) Signature de l'agent verbalisateur. — Apposer auprès de la signature le cachet, soit de la justice de paix, soit de la mairie.

(8) Mentionner les noms et prénoms des délinquants, et, s'il y a lieu, ceux des armateurs.

(9) Signature du Commissaire de l'inscription maritime. — Apposer le cachet à côté de la signature.

ARRONDISSEMENT

d

—

SOUS-ARRONDISSEMENT

d

Modèle B

MARINE ET COLONIES

QUARTIER

d

—

SYNDICAT

d

PROCÈS-VERBAL *de contravention à la loi du 9 janvier 1852 sur la pêche côtière.*

(1) Indiquer les jour, mois, an et heure.

Aujourd'hui (1)

(2) Nom, prénoms et qualité du rédacteur du procès-verbal.

nous soussigné (2)

(3) Indiquer le lieu où la contravention est constatée.

étant (3)

(4) Nature des infractions. Mentionner exactement, le cas échéant, le nom du bateau et son port d'armement,

avons constaté ce qui suit (4)

(5) Mentionner exactement les noms, prénoms, âge, qualité et demeure des contrevenants, et, s'il y a lieu, consigner les mêmes indications en ce qui concerne les armateurs.

(5)

En foi de quoi nous avons dressé le présent procès-verbal pour servir à la répression d (1)   contravention sus-énoncée .

Fait a   , les jour, mois et an que dessus.

(2)

Le (3)   déclare que le nommé (4)   a affirmé, en sa présence, sincère et véritable, le contenu du présent procès-verbal.

A (5)   , le

(6)

L'Agent verbalisateur,

(7)

Vu par le Commissaire de l'inscription maritime du quartier et transmis à M. le Procureur de la Répu-blique près le tribunal d   pour les poursuites à exercer contre le nommé (8)

par application des articles
de la loi du 9 janvier 1852 et
du décret rendu pour son exécution le

(9)

Footnotes (left margin):

(1) De la *ou* des.

(2) Signature du rédacteur du procès-verbal.

(3) Juge de paix du canton d
Suppléant du juge de paix du canton d
Maire de la commune d
Ou adjoint au maire de la commune

(4) Nom et qualité du signataire du procès-verbal.

(5) Lieu et date de l'affirmation.

(6) Signature du fonctionnaire qui reçoit l'affirmation. — Apposer auprès de la signature le cachet, soit de la justice de paix, soit de la mairie.

(7) Signature de l'agent verbalisateur.

(8) Mentionner les noms et prénoms des délinquants, et, s'il y a lieu, ceux des armateurs.

(9) Signature du commissaire de l'inscription maritime. — Apposer le cachet à côté de la signature.

CITATION A PRÉVENU

—

(1) Jour et mois.

L'an mil huit cent quatre-vingt-   le (1)

A la requête de M. le Procureur de la République près le tribunal d   qui fait élection de domicile en son parquet au Palais de Justice,

(2) Nom et qualité des syndic, garde-juré, garde maritime ou gendarme de la marine.

(3) Nom, prénoms et demeure du prévenu.

J'ai (2)   résidant a signifié au sieur (3) où j'ai comparu et parlé à   copie entière du procès-verbal ci-contre, et lui ai donné en même temps citation à comparaître le   à 10 heures du matin, devant le tribunal correctionnel d siégeant en ladite ville, au Palais de Justice, à l'effet de s'entendre juger convaincu (4)

(4) Reproduire ici la qualification du délit d'après le procès-verbal.

En conséquence, s'entendre condamner aux peines prononcées par la loi. Lui déclarant que, faute de se présenter, il ne sera pas moins requis jugement.

Dont acte ; copie délivrée à la partie ci-dessus, parlant comme il est dit.

(5) Signature de l'agent.   (5)

TABLE DES MATIÈRES

Pages

AVERTISSEMENT 3

1ʳᵉ PARTIE. — **Police de la navigation**

Chapitre Iᵉʳ. — Contraventions et pénalités................ 5
Chapitre II. — Police judiciaire 13
Chapitre III. — Juridiction compétente.................... 18

2ᵉ PARTIE. — **Police des pêches**

Chapitre Iᵉʳ. — Contraventions et pénalités 22
  § 1ᵉʳ. — Pêche côtière 22
  § 2. — Pêche du hareng et du maquereau 28
  § 3. — Pêche entre l'Angleterre et la France 30
  § 4. — Pêche dans la mer du Nord................ 31
  § 5. — Pêche de la morue à Terre-Neuve 34
  § 6. — Pêche dans la Bidassoa.................... 37
  § 7. — Pêche du corail en Algérie................. 38
  § 8. — Pêche faite par les étrangers dans nos eaux
        territoriales............................. 39

Pages

Chapitre II. — Police judiciaire 40

§ 1er. — Pêche côtière 40

§ 2. — Pêche du hareng et du maquereau 44

§ 3. — Pêche entre l'Angleterre et la France 45

§ 4. — Pêche dans la mer du Nord 47

§ 5. — Pêche de la morue à Terre-Neuve 48

§ 6. — Pêche dans la Bidassoa 49

§ 7. — Pêche du corail en Algérie 49

§ 8. — Pêche faite par les étrangers dans nos eaux
territoriales 50

Chapitre III. — Juridiction compétente 51

LA NAVIGATION FICTIVE 59

Modèles de procès-verbaux (modèle A). — Police de la navigation 69
— (modèle B). — Police des pêches. 71

TABLE GÉNÉRALE DES MATIÈRES

ANALYTIQUE ET ALPHABÉTIQUE

(Les chiffres placés à la suite des mots indiquent la page).

A

Actes de procédure. — Sont dispensés du timbre et enregistrés gratis, 51, 52.

Action publique, 14, 40, 42, 44, 46. — Prescription, 14, 42, 47, 49.

Action privée, 42, 46, 49, 56. — Prescription, 42, 47, 49.

Affirmation des procès-verbaux, 13, 14, 41, 44.

Agents des douanes. — Interdiction de pratiquer la pêche, 26. — Constatent la contravention n° 1 à la pêche du hareng et du maquereau, 44.

Agents de la marine. — Interdiction de pratiquer la pêche, 26.

Agents verbalisateurs. — Part leur revenant sur les amendes, 12, 28, 29, 38.

Amendes, 6, 8 à 11, 19, 23 à 26, 29 à 32, 34 à 37, 39, 40, 53. — Recouvrement, 12, 28. — Versement à la caisse des Invalides, 12, 28 à 30, 48, 50. — Versement à la caisse du Trésor, 29. — Versement dans les caisses des communes riveraines de la Bidassoa, 38.

Amers, 36.

Angleterre (Pêche entre la France et l'). — Contraventions, 30, 31. — Police judiciaire, 45, 46.

Appats prohibés, 23.

Appel. — Délai, 16, 51, 52, 54.

Arbitres (armateurs), 53.

Arrêts (Voir *Jugements*).

B

Bateaux annexes, 7, 10.

Bateaux de pêche. — Commandement, 26. — Signalement particulier, 10, 26. — De Terre-Neuve, 34, 35. — De la Manche, 45, 46. — Étrangers, 50, 54.

Bateaux de plaisance. — Permis ou rôle, 6, 7. — Marques, 10. — Passagers, 8. — Droit de pêche, 26.

Bateaux des administrations publiques, 7, 9.

Bateaux d'exploitation, 6.

Bidassoa (Pêche dans la). — Contraventions, 37. — Police judiciaire, 49. — Droit de pêche, 38.

Boissons spiritueuses, 36, 37.

Bornage. — Commandement, 10, 11. — Limites, 11. — Tolérances pour les patrons pêcheurs, 11, 12.

C

Cabotage. — Interdit aux patrons au bornage, 10, 11. — Tolérances pour les barques remorquées dans les cours d'eau, 11. — Particulier aux pêcheurs de la Manche, 12.

Capitaines, maîtres ou patrons, ou faisant fonctions. — Obligations en matière de rôle d'équipage, 5, 8, 9, 19. — Départ pour Terre-Neuve et séjour dans l'île, 34 à 36.

Capitaines prud'hommes — Droit de police, 48. — Arbitrage et juridiction, 53.

Chauffauds, 36.

Circonstances atténuantes, 42.

Citations, 16, 46, 51.

Commandants des bâtiments de guerre et gardes-pêches. — Recherchent et constatent les contraventions, 13, 40, 44, 47, 49, 50. — Pouvoir disciplinaire et arbitrage, 45, 47, 48. — Leurs procès-verbaux sont dispensés de l'affirmation, 14, 41.

Commissaires de l'Inscription maritime. — Recherchent et constatent les contraventions, 13, 40. — Leurs procès-verbaux sont dispensés de l'affirmation, 14, 41. — Exercent directement les poursuites, 14 à 16, 40. — Transmettent et visent les procès-verbaux faits à l'étranger, 18, 46. — S'abstiennent de contrôler les bateaux des administrations publiques, 8, 9. — Retirent les rôles ou permis périmés, 7. — Vendent les engins de pêche, le poisson et le coquillage saisi en contravention, 43. — Font remettre, sans frais et par leurs agents, tous les actes de procédure, 51, 52. — Leur pouvoir disciplinaire en matière de pêche du corail et de pêche côtière, 54. — Réserves à apporter dans les poursuites, 17, 42. — Rendent compte des poursuites à leurs chefs, 54. — Sont responsables de la navigation fictive de leurs quartiers, 61.

Confiscations (voir *Saisies*).

Consuls et vice-consuls. — Recherchent et constatent les contraventions à la police de la navigation, 13. — Leurs procès-verbaux ne sont pas soumis à l'affirmation, 14, 44. — Ne doivent pas laisser partir avant la date réglementaire les navires pêcheurs à destination de Terre-Neuve, 35. — Constatent la contravention n° 1 de la pêche du hareng et du maquereau, et visent les procès-verbaux rédigés, à cette occasion, par leurs agents, 44. — Transmettent les procès-verbaux concernant leurs nationaux pêchant en contravention dans la Manche, 46.

Contrainte par corps, 52.

Contraventions. — A la police de la navigation, 5, 6, 8 à 11. — A la police des pêches, 23 à 26, 28 à 32, 34 à 40.

Coquillages. — Destruction, 24. — De dimension non réglementaire, 25.

Corail. — Pêche en Algérie-Tunisie, 38.

Cumul des peines, 27.

D

Débarquements irréguliers, 8.
Dommages-intérêts, 37, 52, 54.

E

Embarquements irréguliers, 8.
Emprisonnement, 19, 23 à 26, 30 à 32, 37, 39.
Engagements des équipages, 29.
Engins de pêche. — Employés contrairement aux réglements, 23, 30, 31. — Prohibés, 24, 25, 38. — Saisie et destruction, 37, 42, 48 à 50.
Etablissements de pêche. — Non autorisés, 23. — Contraires au réglement, 23. — Destruction, 23.

F

Frai ou poisson assimilé, 24.

G

Gardes-jurés, 44, 51.
Gardes maritimes, 13, 41, 51.
Gendarmes de la marine, 13, 41, 51.

H

Hareng (pêche du), 28, 29, 44.
Huîtres. — Vente en temps prohibé, 25. — De dimension non réglementaire, 25.

I

Inspecteurs des pêches. — Recherchent et constatent les contraventions à la petite pêche, 40. — Leurs procès-verbaux ne sont pas astreints à l'affirmation, 41.
Instruments servant à couper ou détruire les filets, 31, 32.
Interdiction de commandement, 35, 36.

J

Journaux de bord, 34.
Jugements. — Dispensés du timbre et enregistrés gratis, 51. — Signification, 51, 52. — Copies et expéditions, 55.
Juges de paix, 13, 46, 56.

L

Levée pour le service de la flotte, 29.
Lest, 36.
Longue-vue, 41.

M

Maires ou adjoints, 13, 49.
Maquereau (pêche du), 28, 29, 44.
Marques des bateaux, 9, 26, 33.
Maximum des peines, 27, 37.
Modèles de procès-verbaux ; modèle A, 69, 70 ; modèle B, 71, 72, 73.
Morue (pêche à Terre-Neuve), 34, 48.

N

Nationalité des bateaux de pêche, 32.

Navigation. — Dite *maritime*, 6. — Au bornage, 6, 11. — De plaisance, 6. — Fictive, 59.

Non-inscrits. — N'en pas embarquer, 8, 9. — Droit de pêche dans la Bidassoa, 38.

Nord (mer du). — Pêche, 31, 47.

O

Opposition. — Délai, 51, 52.

Outrage aux autorités maritimes, 20.

P

Passagers, 8, 9. — Listes, 9.

Pêche côtière. — Liberté et gratuité pour les inscrits maritimes, 26. — Procédés et modes interdits, 24. — En temps prohibé, 25. — Dans les eaux réservées, 24. — En flotte, 26. — Faite par les étrangers, 50.

Percepteurs, 12, 28, 43, 45.

Permis de navigation ou de circulation. — Particulier aux bateaux de plaisance ou d'exploitation, 6, 8. — Personnnel au propriétaire du bateau, 7. — Périmé ou laissé à terre, 7.

Places à Terre-Neuve, 34, 53.

Poisson. — Destruction, 24. — De dimension non réglementaire, 25. — Mesurage, 43.

Pourvoi en cassation. — Délai, 51, 52.

Prescription (voir *Action publique* et *privée*).

Procès-verbaux. — Rédaction et affirmation, 13, 41, 44, 50. — Valeur judiciaire, 14, 41, 44, 49. — Les distinguer en cas de contravention à la police de la navigation, 13. — Modèle A, 69, 70 ; modèle B, 71, 72, 73.

Procureurs de la République, 14, 15, 46, 48.
Prud'hommes-pêcheurs, 41, 51.

R

Receveurs des domaines, 43, 45.
Receveurs des douanes, 45.
Récidive, 27, 31, 37, 38, 54.
Refus d'obéissance aux autorités maritimes, 20.
Refus de visite des établissements de pêche, bateaux et équipages, 26.
Règlement des comptes des équipages, 29.
Résistance aux ordres des commandants des gardes-pêches, 32.
Responsabilité, en cas de contraventions, 12, 27 à 29, 34, 38.
Rôle d'équipage. — Exhibition à première réquisition, 5. — Obligatoire en cas de navigation maritime, 6. — Des yachts, 6. — Périmé ou laissé à terre, 7. — Dépôt, dans les 24 heures de l'arrivée, à la chancellerie d'un consulat ou d'un bureau de la marine, 19.
Réquisition de la force publique, 41.

S

Saisies, 29, 30, 31, 37, 38, 42, 43, 45, 48, 49, 50.
Saint-Servan. — Juridiction particulière du chef du service de la marine, 53.
Saumon, 37.
Serment, 13, 41.
Syndics des gens de mer, 13, 40, 41, 51.
Scaphandre, 39,

T

Trésoriers des Invalides, 12, 28.

Tribunaux correctionnels, 18, 51 à 54.

Tribunaux maritimes commerciaux, 19 à 21, 55 à 57.

Témoignages, 41, 45, 47, 49.

Transport. — Du frai, 25. — Du poisson et du coquillage de dimension non réglementaire, 25. — Des engins de pêche saisis en contravention, 42.

V

Vente. — Des engins de pêche prohibés, 23, 43. — Du frai, du poisson ou coquillage de dimension non réglementaire, 24, 25, 43. — Des instruments servant à couper des filets, 31, 32. — Des boissons spiritueuses, 36. — Des cargaisons, bateaux, filets, etc., saisis en contravention, 45, 50.

Visites domiciliaires, 41.

Y

Yachts (voir *Bateaux de plaisance*).

ERRATA

Page 37 . — Le protocole modifiant la convention de pêche dans la Bidassoa a été promulgué par décret du 1ᵉʳ octobre 1888, *B. O.* p. 402.

La pénalité des contraventions a été renforcée en ce qui concerne l'amende et l'emprisonnement, dont le minimum a été porté à 16 francs et 6 jours, et le maximum à 100 francs et 1 mois (art. 17).

En cas de circonstances atténuantes, la peine peut être réduite (art. 17).

Page 49 . — Les procès-verbaux des agents chargés de constater les contraventions à la pêche dans la Bidassoa font foi jusqu'à inscription de faux (art. 29).

Pour la répression des contraventions, ainsi que pour la saisie des engins prohibés, du poisson et des coquillages pêchés en contravention, les gardes-pêches ont le droit de requérir directement la force publique (art. 16).

ROCHEFORT. — SOCIÉTÉ ANONYME DE L'IMPRIMERIE CH. THÈZE.

www.ingramcontent.com/pod-product-compliance
Ingram Content Group UK Ltd.
Pitfield, Milton Keynes, MK11 3LW, UK
UKHW022330070726
13614UKWH00003B/1023